「気にしない」「考えすぎない」でラクに生きる

鈍感になる練習

明治大学教授
齋藤 孝

内外出版社

はじめに

世の中には繊細で敏感すぎる人、過敏症といわれる人がいます。

最近では、HSP（Highly Sensitive Person）とも呼ばれ、生まれつき「非常に感受性が強く敏感な気質を持った人」で、統計的には5人に1人があてはまるそうです。

この人たちは、基本的に「いい人」だと思います。総じて共感力が高く、人から嫌われたくない。そういう意味でいうと性質のいい人が過敏になっているのです。

この性質のいい人たちの中に、小さなことを気にしすぎる人が増えています。

これは文明化社会にとっては、当然のことかもしれません。世の中がどんどん清潔になり、不潔さに耐えられない。どんどんマナーもよくなっているので、マナーが悪い人と相対するのが耐えられません。

たとえば1960年代、街中ではよく大声で怒鳴っている人がいましたが、今やか

なり少なくなっている。そうした中では、怒鳴る人がいること自体がおかしいという
ことになり、自分もおとなしく過ごさなくてはいけないと思うようになります。
そしてこれに昨今のコロナ禍が加わり、いよいよ、いろいろな人と人との関係性に
おいて過敏にならざるを得なくなってきています。
その弊害として生じるのが、心の疲弊です。

敏感すぎる人は「もっと大雑把に生きてみたい」「細かいことを気にしないで、生
きられたら、どんなにラクだろう」と思われているのではないでしょうか。
そのために、チャレンジする価値のあること。それは「鈍感になることを習慣化す
る」ことです。いわば「心の習慣」に「鈍感力」を加える。つまり「気にしすぎない
練習」です。具体的にはいろいろな場面で、「こうすれば気にしすぎないですむ」と
いうことをこの本の中で紹介していきます。
それは「身体的な動作」や「つぶやき」、あるいは「考え方」であったりします。
それらを総合的に組み合わせながら、「気にしすぎない練習」をするのです。
「気にする」こと自体は、仕方なく起こりますが、その心の動きをできるだけコント

ロールできるようにする。

「それ以上考えても仕方がない」ことについては、「考えなくてすむようにする」。

そのように練習していくことが必要なのです。

実はこの「心の習慣」を身につけていかないと、神経がどんどん過敏になり、いろいろなことが気になって手につかなくなってきます。

あるいはイヤなことを拡大して考えてしまい、世の中全体がイヤに感じられてしまう。そうした状態になるのはとても不幸なことです。

約30年間、大学教員として、過敏なタイプの学生さんたちと接する中で、習慣のアドバイスが有効であることを実感しました。


世の中って、そこまで悪いものではないと思います。とくに現代の日本社会というのは、過去の歴史を見ても考えられないほどいい時代です。

戦前の日本と比べたら、現代は権利が守られています。当時は大変な状況になっていました。なにしろ女性には選挙権すらなかったのですから。そのさらに前、江戸時代でも最も身分の高い武士ですら、「切腹」と言われたら、切腹しなければならなかったのです。それを考えると、基本的人権が守られている現代は、ベースそのものがいいわけです。あまり絶望しすぎなくていい。

気にしすぎること、考えすぎることを、「理性の力でコントロール」していく。

その「理性の力」を育てていくと、「気にしすぎても仕方のないことは、気にしない」というふうに、だんだんと物事が整理されていきます。

「頭の整理が心の整理になる」という考え方です。「頭の整理力」を高めることは、ゴチャゴチャしがちなものを整理することになるのです。

心をいきなり整理するのではなく、まず頭を整理すると心が整理されます。

そこで押さえておきたいのは、頭の整理をするのは「理性」であるということ。

この「理性の力」を発揮する。あるいは「理性を働かせる」のと同時に、「身体の訓練」、「技」を身につけること。「理性」と「身体」。この二つの力で、ざわめきがちな心を何とかコントロールしていきましょう。


敏感であることは感受性が豊かだと思われがちです。確かに感受性が豊かな人は敏感になりやすい。しかし、太宰治の『人間失格』を読むと、敏感さがつらい運命を招くこともあります。

感受性は豊かだけれども、それをうまくコントロールして、過敏になり、傷つきやすくなっていくのを避ける社会的な練習――。

それが「鈍感力トレーニング＝鈍感になる練習」です。

「鈍感力」とは、いわゆる「鈍い」ということではなくて、敏感すぎて困っている感覚を、あえて鈍感にしていくことです。

私はというと、比較的「鈍感力」に優れているほうだと思います。実は20代のころの自分を考えると、「真の鈍感」だったのではないか。大学院を修了し、平気で無職でいたことでも、神経がどこか太かったのですが、自分自身、その過程やさまざまなシーンで「鈍感になる練習」をしていた気がします。

この本の中では私自身が行ってきた練習そのものも紹介しながら、これを読まれる「繊細で優しい皆さん」にとって、心安らかになるような「鈍感力トレーニング」になることを願っています。合言葉は、「ものは考えよう」です。

齋藤 孝

目次

第2章 「鈍感力」を上げれば、ラクに生きられる

目次

第4章　鈍感になる練習②

不安や心配ごとは、現実には起こらない

目次

目次

― 序章 ―

「気にしすぎ」「考えすぎ」で悩んでいる!?

「繊細すぎ」「敏感すぎる」人が増えている

私は大学教員という仕事柄、普段は大学の授業を通じて、学生たち、10代後半から20代前半の若い人たちとよく話をしています。

そこで近年、感じるのは皆、マナーがすごくよくなっていること。周りの人に配慮ができて、おかしなことをしない。わりと協調しながらやっていく点では、人間的に整ってきている印象があります。

全体の印象として、頭も働いているし、個性もある。

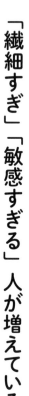

「そのどこが悪いの？」

というと、**繊細すぎて、メンタルがやられやすい傾向がある**ということです。

この繊細すぎるメンタルは、仕事上でもネックになり、こうした気質をそのままにして大学を卒業し、社会に出て就職すると、最初の1年、3年という期間を乗り切るのが難しい人が増えています。

それでも3年間くらいすると、いい意味で鈍感になっていくことが、卒業生の様子からわかっています。実はこの慣れが重要なポイントです。

基本的にはあるプログラムを実践すると、「気にしすぎ」「考えすぎ」をある程度、抑えられることがわかっています。

大学で行っている「気にしすぎ」「考えすぎ」を防ぐプログラムの一部を紹介すると、調べたことや考えたことを個人ないしグループで、皆の前で発表していきます。

人前で自分の意見を発表できないのは、出しゃばって間違ったことを言って、**「何か言われるんじゃないか」**と怖がることが多い。それが「初めての時は心臓バクバクでしたが、慣れると楽しいですね」に変わっていきます。

要は**人前で話す経験や訓練が足りない**のです。

そうして人慣れして、教員である私なり、他の学生からの評価を受け、人慣れ、場慣れをすることで、ほとんどの学生は「気にしすぎ」や「考えすぎ」を克服していくのです。

【敏感度テスト】あなたは「気にしすぎ」「考えすぎ」？

次の24の問いに、「ＹＥＳ」か「ＮＯ」でお答えください。少しでも思いあたれば「ＹＥＳ」、全然思いあたらない、あまり思いあたらなければ「ＮＯ」でお答えください。

□リモコンは整然と並んでいないと気になる
□ついエゴサーチをしてしまう
□周囲の人の髪形や服装の変化にすぐ気づく
□他人の気分に左右されやすい
□失敗を引きずりがちだ
□テストで最後の問題に行きつかないことがある
□映画や音楽、美術に感動しやすいタイプだ
□遅刻は絶対にしたくないし、しない
□自分の性格は、ポジティブよりネガティブかも
□いつも良心的でありたいと思っている

□一度思い込むと修正がなかなかきかない
□空想や妄想するのが好きだ
□騒音にイライラする
□アドバイスされるのはあまり好きではない
□些細なことでも驚きやすい
□いろいろなことを頼まれるとパニックになる
□カラオケは好きではない、どちらかというと苦手
□友人からの相談をよく受ける
□愚痴を言う人の気がしれない、愚痴を聞くのもイヤ
□身の回りで変化があると、気持ちが高ぶる
□雑談が多い人とは、あまり話したくない
□サプライズのある人生より、平凡な人生がいい
□人前では緊張して、うまく話せない
□幼いころ「シャイ」「恥ずかしがり屋」といわれた

「ＹＥＳ」が過半数の12を超えたあなたは、「感じすぎ」「考えすぎ」ることが多く、敏感度が高いといっていいでしょう。

感じすぎること、考えすぎること――。

それ自体は決して悪いことではありません。問題なのは、**感じすぎること、考えすぎることで頭や心が疲弊して、次の一歩が踏み出せなくなる**ことにあります。

思考が停止し、行動を起こすことができずに立ち止まったまま、停滞してしまう。決断が遅くなり、必要以上に時間がかかってしまう。

また**考えすぎて眠れなくなり、体調に支障をきたす**ことになれば、「下手の考え、休むに似たり」。本末転倒といえます。

このテストによって、感じすぎたり、考えすぎたりする自分の気質を受けとめて、どのように捉え直していけばいいのかを一緒に練習していきましょう。

心配しても仕方のないことが気になる

世の中にはあれこれ心配する必要のないことまで、考える心配性の人がいます。

故事成語に「杞憂」という言葉があります(『列子』〈天瑞〉)。

日本語では**「杞憂にすぎない」「杞憂に終わった」**という使い方をします。いわゆる**「取り越し苦労」**を意味しますが、この「杞憂」という言葉が生まれたのは、中国のある心配性の人間の逸話からでした。


紀元前の中国・周の時代——。現在の河南省杞県にあたる地域に、「杞」という小国がありました。そこに心配性の男がいました。

「天が落ちてきて、住処がなくなったらどうしようか」

と、その男は心配のあまり食欲を失い、不眠症になってしまいます。

天が落ちてくるとは、大変なことです。

しかし、そもそも天が落ちてきたことは、これまでに一度もありません。確率で考えると、まずあり得ないといっていいほど低くなります。

どんなに深刻なことでも確率が低ければ、心配しても仕方がない。

幸い、杞の国の心配性の男には、周囲に道理を説いて懇諭《こんゆ》してくれる人がいました。

「天とは大気が積み重なったようなもの。どこへ行っても大気のないものはない、屈伸や呼吸も、一日中、天の中で行っているようなもの、天が崩れ落ちることなど心配する必要はない」

と言われ、一旦は納得したのですが……。

その後も男の心配は続きました。

「太陽や月、星が落ちてきたら」

「大地が崩れたら」

本当にそんなことが起こるの？

「太陽や月、星は積み重なった大気の中で光り輝くもの。落ちてきたとしても、当たって傷つけるようなことはまずない」

男を心配から解放しようと、周囲の人は次々と説いていきます。

「大地は土の積み重なったもの。四方の空間にいっぱい詰まっており、どこへ行っても土の塊のないところはない」

とも言われて、男はようやく理解し、納得したのです。

悩みに適切に答えてくれ、そのようなことは起こらない、起こる確率は低いことがわかって、杞の国の憂える男の悩みは消えていきます。

「杞憂」とは、この逸話、**「杞人天憂（きじんてんゆう）**＝『杞』の国の『人』が『天』が崩れ落ちてくるのではないかと『憂』えた」ことを表す四字熟語を略して、生まれた言葉なのです。

本当にそんなことが起こるのか、心配性の人は、「杞憂」の故事成語に倣って**確率という見方で物事を捉える**ようにしましょう。

起こる確率が低いのであれば、考えなくともよいという選択肢が得られるはずです。

それって、取り越し苦労です

「気にしすぎ」「考えすぎ」は完璧主義!?

気にしすぎる、考えすぎる人、神経質で繊細な人には、完璧主義者が多いといわれています。

細部まできっちりやらないと気がすまない。細かいところが気になってしまう。たとえばリモコンが3つある場合、この3つがまっすぐに並んでいないと気に入らなかったりします。

切手もまっすぐに貼られていないと気持ちが落ち着かない。

そもそも切手というのは、所定額の切手が貼られていればいいのであって、逆さでも構わない。斜めに貼られたとしても、そこにスタンプが押されていれば問題ないわけです。

つまり**機能を考えれば、そこまで神経質になる必要はない。**しかしまっすぐ貼りたいという気持ちが出てきてしまう。それが完璧主義の表れかと思います。

これは潔癖な「気質」ともいえるので、潔癖と完璧には通ずるものがありますが、だからといって、

「自分は完璧主義者だ」

「自分は潔癖だ」

と括《くく》ること自体に、あまり意味はありません。

その人の実情に即していない。**「気質」がそうだからといって、現実的には完璧主義になっていない**ケースもあるということです。

非常に潔癖性である人が、仕事もきちんとしているかというと、必ずしもそうではない。一方、「気質」が大雑把な人は、仕事でも手を抜くかというと、そうとはいいきれないことからも、おわかりでしょう。

完璧主義なのに、そこは間違える？

「自分はこの仕事のこの領域に関しては、完璧主義」

「だけど、ほかの面ではそうでもない」

そうなると、完璧主義という気質はいいことばかりとはいえません。

日常の私生活においても、完璧を期して神経質になると、非常に疲れてしまいます。

「自分は完璧主義」、「自分は潔癖」だという認識のある人は、真の意味で、仕事でも完璧主義か、潔癖主義か、チェックしておいたほうがいいかもしれません。

「完璧主義者と言っているわりには、そうでもないな」

と思われてしまう人が、結構いるからです。

メールの文章に誤字があったりすると、そこは気にしないのかと思うわけです。

たとえば本の校正では、本を1冊読んで間違った文字があると、読者は大変気になるものです。本1冊にはものすごい数の文字があり、一つも間違いがないようにするには、大変な注意力が必要となります。

これは**社会的に必要とされる完璧さ**といえます。

ネットニュースでも誤字、脱字や誤変換とかありますが、これは本ほどは気にされていません。

なぜかネットニュースは、まだそれほど完璧さが要求されていません。けれど相当数の人間が読むわけです。

『Ｙａｈｏｏ！ニュース』といえば何百万、何千万人という人に見られています。そこではコメント欄で誤変換を指摘されるケースもよくあります。

ネットニュースでも本来は完璧さが求められるのですが、まだこの媒体は後世に残る本、書籍の水準には達していないのでしょう。

「繊細さ」が社会の役に立っているか

一方で医師や看護師や薬剤師が大体こんな感じでいいだろうと、目分量で仕事をやってしまうと大変なことになります。これは医療という領域・分野が完璧であること、正確さが要求される仕事だからです。

そう考えると、**自分の神経質さ、細かすぎることが本当に社会に役立っているのか**が、見極めのポイントになります。

社会に役立っているのであれば、**「細かすぎる」というよりも「有能だ」**と評価されます。

社会的需要のないところで細かすぎる場合は、個人の趣味としては構いませんが、とくに評価される能力ではありません。

自分がどの分野に細かいのか、その細かさが社会的に価値のあることなのか、問いかけてみましょう。

細部にも目が届く社会的に価値がある仕事を行っている人は、社会的にも有能な人といえるのです。

自分のことを完璧主義だと思っていても、ある部分だけ細かくて、仕事の部分ではすごく抜けてしまっている場合、**その完璧主義はムダ**です。

自分の細かすぎる、ある種の繊細さは、どの分野で力を発揮して、役立っているのか、いま一度振り返って考えてみましょう。

コロナ禍で外出が怖い、人と話せない

コロナ禍は現代のライフスタイルを大きく変えつつあります。


「外出したくない」

「人と話すのが怖い、イヤ」


という人が少なくありません。

「久しぶりに話すとストレスがたまる」

「人と話すこと自体がストレス」

そういう人も増えています。


自分にウイルスがうつるかもしれないと心配しているのでしょうが、それだけでなく、しばらく家族以外の人と会わなくなっているので、人慣れしていない。

単純に人と触れ合う機会がなく、人と会うことに恐れを感じやすくなっているのです。

完璧と大雑把をコントロール

新型コロナウイルスに関しては二つの見方があります。

一つは絶対にコントロールする。小さなことまで厳密にコントロールする。

これは緊急事態宣言が出されたとき、

「家に閉じこもっていれば広がらなかったのだから、広がったらまた2週間、外出を自粛すればいい」

という見解です。

もう一つは、経済を回していくためには、ある程度の感染は仕方ない。

「感染は、ある程度緩やかに、大雑把に捉えていこう」という考えです。

常に**神経質さや細やかさと、大雑把さの双方で加減するという感覚が必要**かと思います。ここは完璧主義でいこう、ここでは大雑把主義でいこうと。完璧主義と大雑把主義をコントロールしていくのです。

これがどちらかに偏ると、よかれと思って完璧に自粛した結果、経済的に困窮して、自殺を考えるようになってしまう、それでは元も子もありません。

神経質な感覚より、理性で判断する

日本の場合、ここでも試されていることがあります。

ポイントの1つは死者の数をどう捉えるのか。

死者の内訳を見ると、持病がある70代〜90代の方が多い。現在のところ（2021・2・15現在）死者数は約7000人です。

しかし、世界的にはもっと多くの死者が出ており、アメリカでは48万人以上。日本の場合はまだ少ないほうです。

新型コロナの場合、何が問題なのか。

「どこまで経済を回すようにしたらいいのか」ということでも、意見が分かれるところです。

「もし自分が新型コロナになったら」

「人からうつされたら」

神経質云々という個々の気質ではなく、「理性の判断力」に委ねていくべきではないでしょうか。

もはや感覚の問題ではありません。

コロナ禍の状況下で、気質的に神経質になったり、過敏になったりするけれども、理性によって、経済を回していくという判断にOKを出したとします。

しかし、「GoToキャンペーン」まではどうかとか、新型コロナについては、さまざまな課題があります。

理性で決断する問題と、感覚で判断する問題とを分けて考えていくことが大切だと思います。

— 第1章 —

「繊細」で「敏感」な人が困っていること

考えすぎて進まない、仕事が終わらない

繊細な人にありがちなのが、考えすぎて、なかなか前に進めず、仕事がはかどらないということ。

絵を描くとき、デッサンはまず大雑把に描きます。端から色塗りを始めて、細密画みたいに細かく描くようにデッサンするのはあまり有益ではありません。

限られた時間の中で絵を描くには、優先順位は何なのか考え、その**優先順位に沿って大事なことから押さえていく**必要があります。デッサンは全体を大づかみに捉えるのが目的ですから、あまり時間をかけずにサーッと描く。

そこで一本の線にこだわりすぎて、鉛筆がサーッと流れないとデッサンの目的からずれてしまいます。

これと同様に今やるべきこと、一番有効なエネルギーの注ぎ方は何なのか。今、何

に気を使えばよくて、今、何にエネルギーを注ぐべきかがわからないと、**細かいことに気がつくことはマイナスになってしまいます。**

神経質になるのはそこじゃない！

完璧主義者といわれる人が会議で司会をやったときに、通常1時間で終わるところが2時間かかるということがあります。

その細かさに意味はあるのでしょうか。

時間配分というものは人生ですごく大切なのに、意外に皆、ストップウォッチを使うように時間を区切って生活していない。

私は大雑把な性格ですが、授業に関して次の作業は15秒でやってくださいとか、1人15秒で話してください、というようにストップウォッチを活用しています。

時間配分や時間の有効活用がなぜ大切なのか。

経営の神様であるP・F・ドラッカーも言いました。

「時間は最も稀少な資源である」〔『経営者の条件』（ダイヤモンド社）〕と。

皆に共有の資源である時間を、いかに有効に使うか敏感であるべきなのに、会議の時間を結構ずるずる延ばしてしまった覚えはありませんか。

時間にはルーズなのに、どこが完璧主義で神経質なのか、矛盾があるのです。

「神経質になるところはそこじゃない！」

というツッコミを、自分自身に入れることが大事です。

自分が細かすぎるのを**「そこじゃない！　気にするとすればこっちでしょ」**と言って、大事なところにエネルギーを注ぐことが大切です。

とりあえず最後までいく。スピード感を持って最後までいく。

今、求められているものは何なのか。それに対して最も優先順位の高いものを探してエネルギーを注ぐようにするのです。

「瑣末《さまつ》なことより本質を見ろ」ということです。

まず6割押さえることが大事で、外堀から埋めていかない。外堀と内堀があって、本丸、天守閣があるなら、攻撃する場合は、まず天守閣から。天守閣にヘリコプターでモノを落として潰していくというイメージです。

一番重要なところにいきなりいく**「単刀直入方式」が、神経質な方には必要**で、これが「思考の習慣」になります。

気にしていいこと、気にしなくていいこと

気質にはいろいろあると思いますが、純粋に耳が過敏とか、目が過敏とかを除けば、思考において細かいのは気質ではありません。

考えても仕方のない問題を考えるのは、単に惰性的な習慣です。考えなくてもいい問題を考えないようにするためには、訓練が必要となります。

「思考の習慣」とは、宮本武蔵が『五輪書』に書き、達成したように、「技」です。

宮本武蔵の『五輪書』は、剣の達人としての極意を記したものですが、単に抽象的な奥義を述べたものではありません。剣の構え方、視線の置きどころ、隙のつき方など具体的なアドバイスに満ちています。

とくに有名なのは、次の鍛錬について述べた言葉です。

千日の稽古を鍛とし、万日の稽古を錬とす。
能々《よくよく》吟味有るべきもの也。

『五輪書』

鍛錬とは、刀剣を仕上げていくときの言葉を意味しますが、宮本武蔵は、千や万という数を比喩ではなく、具体的な訓練の日数として提示しました。

「技」を習得するためには、練習量を蓄積すると質的な変化が起こる「量質転化」が必要です。武蔵は、「技」の習得をすすめています。

とかく私たちは、質的な変化が起こる前に、反復練習をやめがちです。これでは「技」は身につきません。「思考の習慣」も同様なのです。

ある物事に対して、これは気にしないようにする。これを気にするようにするといった、見極めの「思考の習慣」を訓練して身につけることが、とても重要になってくるのです。

空気を読みすぎて、うまく雑談もできない

「空気を読みすぎる」ことも、繊細な人には大問題です。

実はこれは**空気ではなくて、その場にいる何人かの思惑、心の行き先**なのです。

たとえば会議の予定の終了時刻が近づくなか、皆が帰りたがっている雰囲気を出しているとします。

その際の場の空気を読んだ正しい対処法はこうです。

「帰りたがっている人が多いようですから、ではこのへんでお開きに」

「そういえばもう一つ問題がありまして……」

と、話を続けてしまうのは、空気が読めていないことになります。

つまり、**空気が読めるというのは、他の人の考えがわかること。**それは言葉だけではなくて、ちょっとした表情からもわかります。ここは敏感なほうがいいわけです。

「皆、帰りたいんだよね」

「では、これで終了しましょう」

そう言える人には社会性があります。空気が読めることは、人の感情の動きが読めること。全体の「場の文脈」を把握できるということです。

顔の表情を読むことは必要

ドラマや映画を見ていると、ちょっとした表情やしぐさ、言い方で、この人とこの人は敵同士とか、この人は裏切ろうとしているとか、そういうことがわかります。

たとえばTVドラマの『半沢直樹』でも、伊佐山部長が大和田常務を裏切ろうとしているのか、表情などでサッとわかる。

あの番組はとりわけ顔芸が多かったのですが、普通の番組でも次の展開が予測できる人は、顔の表情を読める人といえるでしょう。

実はこの**表情が読めることは社会的能力**、あって困ることはありません。

これがまったくないとどうなってしまうかというと、ストーカーになることがあり得ます。**相手がイヤだという雰囲気なのにそれが見えない、聞こえない。**鈍感どころか、表情を見ていないのですから、修正する気も最初からないわけです。

自分があることを相手に聞いたときに答えづらそうにしていた場合、

「あっ、この人はこの話は苦手なんだな」

とすぐに察知し、この話題をふるのはやめようと思うのです。

表情を見て、「この人にこの話はダメなんだ」と、パッとわかるのが「社会的能力」で、今後ますます必要とされる能力なのです。

「空気が読める」人とは違う！

それでも、空気を読みすぎて疲れる人は多いようです。読みすぎというより、思い込みに近い。「空気が読める」と「空気を読みすぎる」は、まったく違います。かえって**コミュニケーションが取れない**ことにもなります。

現在、誰かにプライベートな部分を聞くのは、社会的に危険なことといわれます。

「あなたの家族は？」

「どこ出身?」

「どこに住んでいるの?」

趣味を聞いたりすることすら、場合によっては危険なことになります。

「個人情報なので……」と言われれば、それでアウトです。

でも本当は会社の同僚同士で、好きなことや嫌いなものがわかっているほうが、会話も弾むし、気心が知れて仕事のミスもカバーしあえる間柄になれます。


実はこれが**「雑談力」**です。

雑談をうまくできるかが、案外、鈍感力というか、「社会性がある」ことなのですが、**空気を読みすぎたり、思い込みが強すぎる人は、雑談が苦手**です。

可もなく不可もない話題だけど、何気ない会話で人と人との気持ちが通い合う――それが雑談力です。どうでもいいようだけれども、話をつなぐような話題を持ち出せないのは、ちょっと社会性が弱い。

「空気が読める」のではなく、「空気を読みすぎて」雑談することもできず、自分がその場を和らげたりできないのは、貢献度が低いということになります。

恥をかくのがイヤで、人前に出られない

人前に出られないことも、訓練によって、十分に改善することができます。

英語の教師志望の学生が集まる授業では、自分の好きな日本語の歌を英語に訳して、皆の前で一人ずつ歌う授業を行っています。

学生たちは、米津玄師さんの『Ｌｅｍｏｎ』や、石川さゆりさんの『津軽海峡冬景色』を英語に訳して歌ったりしています。やる前はイヤがる人が多数でした。気持ちはわかるけれども、私のやっている授業は、教職課程の一環です。

教師になったときに、英語の先生なら英語の歌を生徒の前で歌えたほうがいい。日本語の歌を英語に訳し、自作自演で歌えば生徒もうれしいし、面白がるはずです。

いざやると後の授業の雰囲気がガラリと変わります。

「怖いものがなくなった」

「初めはイヤだったけど、面白くなってきた」

そう学生たちは、言います。

何かを突破して精神の殻が破れたという感じでしょうか。

卵が雛にかえるとき、雛が殻を内側からつつくのと親鳥が外側からつつくのを同時に行うことを**「啐啄（そったく）の機」**といいます。

内と外でつつくという意味なのですが、それが同時だとうまく出てこられる。

このように一人が全員の前で発表する機会を設けて、怖さをうまく乗り越えさせると、その後は怖くなくなる傾向があります。

「もまれた経験というのは、大事」ということがわかります。

やってみれば、恐怖心は消える

殻を破るには何かきっかけが必要で、「気にしすぎ」、「繊細」は、「気質」というよりも「経験不足による恐れ」です。

経験していないから怖い。でも一度経験したら、「ああ、そんなものか」となる。

殻を破る、そういう仕掛けを用意するのが、教師やコーチの本来の役割なのです。

「ああ、やってみればそれほどでもなかった」「案ずるより産むが易し」

そう実感してもらうためには「課題設定」が重要になります。「課題」をうまく設定することで、恐怖心を徐々になくしていく訓練。それによって考えすぎや、他者の視線を気にしすぎる、ということが克服されていきます。

恥ずかしさを超えると、上達する

日本の三大随筆の一つである兼好法師の『徒然草』に「能をつかんとする人」という文章があります。

能をつかんとする人、「よくせざらんほどは、なまじひに人に知られじ。うちうちよく習ひ得てさし出でたらんこそ、いと心にくからめ」と常に言ふめれど、かく言ふ人、一芸も習ひ得ることなし。

『徒然草　第百五十段　能をつかんとする人』

（口語訳）

芸事を身につけようとする人は、「うまくできない間は、なまじっか、人に知られないように、ひそかに習得して、それから人前に出たら、たいへん奥ゆかしいだろう」といつも言うようだが、こういう人は、一芸も習得できない。

また『徒然草　第三十五段　手のわろき人』では、「字が下手だから手紙を書かないというのはよくない」と言い、「字が下手だから、うまいからというのは関係ない。それをやるかやらないかだ」と。

気にしすぎてもしようがない。下手であることを恥ずかしいと思わないことです。

根本には自分の存在の危うさがあります。それをプライドで守っている。でも恥ずかしい思いをするとそれが崩れてしまう。その怖さがあるので恥をかきたくないという考えになるのです。

「恥をものともしない」ことを兼好法師はすすめ、それが上達の秘訣であると諭している。恥と思うことに対して鈍感力を持つというポジティブな発想といえます。

下手で苦手でも恥ずかしがらない

他人の視線、評価、批判が怖くてたまらない

今の時代は、全員が全員で互いを査定し合う、**相互の評価が厳しい「査定社会」**です。いわば中古車の査定みたいなものです。

中古車は「何年モノだ」「事故車である」とか、「ここの色がもうひとつ」とか、「型が古い」など、さまざまな要素を換算して査定します。実は人間社会も中古車市場のようです。

実は、そのあたりが「結婚しにくさ」につながっている気がします。

ひとたび査定の観念が入ってくると、人は選べなくなってきます。**年収で査定する、学歴や容姿で査定するなど、好きになることを、何で査定するかが難しい。**

「査定社会」は、いろいろなことを組み込んで計算するという問題をはらんでいます。

「この人は何点」、お互いを中古車扱いして査定しあうのは、とても厳しく、せちがら

い社会です。

たとえばマッチングアプリを見ていても、つい査定をしてしまいます。

「この人の眉は何点」「目は何点」

と査定されます。その結果は総合点が「イケメン」「Aクラス」、これは「微妙」とか、そういう評価になります。

「このグループは顔面偏差値が高すぎ」というコメントもよくあります。

顔面も偏差値で査定される時代――。

顔面ですら細かく評価されてしまうと、立つ瀬がだんだんなくなってきます。

自分が思うほど、他人は見ていない

そうすると気にしすぎる人は、整形をすることに。もちろん整形して自分の顔をどうこうするのは、その人の権利ですが、他の人の視線に過敏になって、この顔で歩いていること自体が恥ずかしいというのは、もはや幻想や妄想かもしれない。

そうした感覚を、実存主義の哲学者ジャン・ポール・サルトルは**「他者の視線、眼差しの地獄」**といいました。

「人は他者からの視線、眼差しの地獄にさらされている」――。自分のことを気にしすぎる人、考えすぎる人は、サルトルの言葉にうなずくことでしょう。

ただ一方で「そこまで他人は見ちゃいないよ」と私は言いたい。

前にも言いましたが、他人から見られること、恥ずかしいという感覚を問い直す必要があります。

「その恥ずかしさに意味があるのか」「その恥ずかしさは本当にリアルなのか」「恥ずかしいと思うほどのことなのか」と。

カラオケで恥ずかしさを克服

そこで、おすすめなのが、カラオケです。歌が下手な人は下手なりに、とりわけ堂々と歌うことを意識して練習する。そうするとだんだん、感覚が鈍くなっていきます。

私自身歌がうまいわけではありませんが、それを経験しました。

当時は、カラオケボックスはなくて、カラオケスナックで知らないお客さんがいる前で歌うわけです。何度も歌ううち、だんだんと神経がマヒしてくる。

「他の客など知ったこっちゃない、こっちが気持ちよく歌えればいいんだ」

「プロでもあるまいし、お金を払って、こっちも周りの下手なおじさんの歌を聴いてあげているんだから、お互い様だ」

　ということで、神経が鍛えられました。


〈マイクが来たなら微笑んで　十八番《おはこ》を一つ歌うだけ〉

作詞家・阿久悠さんによる『時代おくれ』（唄・河島英五）という歌詞がありますが、「十八番を一つ歌うだけ」というのは、まさしく、その人の社会性を表していると思います。別に上手くなくても、自分の十八番を一つ歌えばいいのですから。

　そこで下手で恥をかくと思うのではなく、ここで**自分が歌うことで「場をつなぐという気遣い」を発揮する、「場を持たせるという社会性を磨く」**ことが大切ではないかと思うのです。

　そうした意識が恥ずかしさの克服につながることでしょう。

自分とは関係ない問題を抱えて、つらくなる

考えすぎる人の中には、他の人の課題まで背負ってしまう人がいます。

気持ちが優しいと、他人の荷物まで背負って、自分が潰れてしまうことが起きかねません。**自分は自分の荷物をちゃんと背負い、相手の荷物は相手に背負ってもらうこ**とが肝心です。

ある問題について自分の問題か、相手の問題か区分けして考えてみることです。

心理学者のアルフレッド・アドラーはそのことを指摘した人です。

「混ぜるな！　危険！」――単純にいえばそういうことです。

たとえば奥さんの機嫌が朝から悪い。それが全部、夫の責任とはいえない。

「不機嫌でいるか上機嫌でいるかは妻の問題」と、アドラーは言います。自分の問題と相手の問題を混ぜてはいけないのです。

責任感の強い人、優しい人は、全部それを自分のほうに引き受けてしまいがちです。そうすると、疲れてきってしまう。

「自分の課題はここまで。ここから先は相手の課題」だとしてバトンを渡す。やるかやらないかは、相手の課題であると整理するのが、アドラーの主張です。

これは「気にしすぎ」「考えすぎ」で、相手の課題まで背負ってしまいがちな人にとっては活かせるアドバイスです。

「かまってちゃん」は面倒な存在

「かまってちゃん」という存在が周りにいませんか？

「かまってちゃん」というのは、たとえば落ち込んでいる自分という存在が、周りから慰められることで支えられている人のこと。

「最近、私、目が腫れぼったくて」というと、「そんなことないよ」という感じで相手に支えてもらうことを常に要求する人、それが「かまってちゃん」です。

「私にかまってほしい」ということです。

これこそ自分の課題なのに、他の人に課題をシェアさせてしまって、面倒くさい作業を担わせている存在。皆さんの身の回りにもいるのではないでしょうか。

「これこれがダメで」というのを口癖にしていて、いつも「そんなことないよ」と言葉を要求する存在って、面倒くさいものです。

自分のことは、自分で褒める

こうした、自分をわかってほしい思いを「承認欲求」といいます。

人からの慰めを求める癖がある人は、この「かまってちゃん」のような厄介な存在になっているかもしれません。こういう人は他人に依存しているため、**「自給自足経済が成り立たないタイプ」**と私は位置づけています。

これを防ぎ、自給自足経済を成り立たせるために、私は20年ほど前から**「自画自賛力の習得」**を推奨しています。

「自分のことを人が褒めてくれないなら、自分で褒める」

しかしこれがなかなかうまく伝わらない。単なる自慢だと思われるからです。謙虚さが求められる日本社会ならでは、かもしれません。

でもこれは自慢ではなくて、自分で自分を褒める行為そのものは無害です。

ちょっと批判されたり、マイナスなことを言われるとイヤになるかもしれないので、自分の心の中で承認欲求を自給自足させていくのです。

またカラオケの話に戻りますが、私は、カラオケの採点では、「抑揚」を意識して歌っています。音程は急には身につかないけれど、抑揚は意識して歌うと、かなり加点が期待できるのです。

そこで私は、「抑揚の鬼」になると決めて、音程という救いがたいものは諦めて「抑揚勝負」でカラオケに挑んでいます。

総合点は高くありませんが、抑揚の点数だけは高い。**他のところは諦めるという、いわば「ここだけ方式」。**ここだけ上がっていればいいという、自画自賛です。

これだけは他に負けないものを持って、「自画自賛力」を高めておけば、承認欲求を求めなくなるので、かえって他人が自分に接しやすくなり、良好な人間関係が築けるようになります。

― 第2章 ―

「鈍感力」を上げれば、ラクに生きられる

鈍感になれば、思い切った判断ができる

「気にしすぎ」「考えすぎ」の人より、鈍感な人のほうが判断力や適応力に優れていると私は思っています。（鈍感とは、感じ方が鈍い、気がきかないという辞書通りの意味ではなく、前にも述べた「鈍感力」という意味です）

考えすぎると判断に迷いが出たり、考えすぎで疲労が蓄積して、眠れなくなったりします。その結果、判断が鈍ってくることがあります。

ある程度、**鈍感でないと思い切った判断ができない**ということです。

判断材料が乏しく、これしかない場合でも、その材料で最適な判断を下すしかありません。

ひとまずこれでいくと判断を下し、**不具合があれば、そのつど、修正すればいい**と、やりながら考えていくのです。実際そうでもしないと、現実に前に進むことができな

くなってしまいます。

回復力や復元力が優れている

レジリエンス（回復力や復元力）に優れていることも重要です。傷ついたら先に進めなくなりますから。この点、鈍感な人は心身ともにタフで傷つきにくい。

鈍感であることのメリットは、人の声をあまり聞かないというか、いちいち**人の声に左右されないので、傷つくことが少なく、前に行く推進力が失われにくい**のです。

サッカーの最高峰、ＵＥＦＡチャンピオンズリーグ２０１９-２０２０での話です。ドイツのバイエルン・ミュンヘンのディフェンダーのダヴィド・アラバという選手は、強豪のスペイン・バルセロナ戦で試合開始直後、クリアしたつもりのボールが、いきなりオウンゴール（自殺点）になってしまった。

さすがにその瞬間は倒れ込んで絶望した様子でしたが、起き上がったとき、すでに明るい顔をしていました。

「回復、早っ！」っていう感じでした。

普通はもっとショックを引きずるもの。さすが一流選手は切り替えが早い。これはある種、鈍感力です。オウンゴールしても落ち込み続けることはない。

結局その試合、その後、アラバ選手は持ち味の攻撃参加を続けて活躍。試合はなんと8対2でバイエルン・ミュンヘンが大勝します。

後ろを向いていてもしょうがない。反省はするけど必要以上に引きずらない。それはまさしく鈍感力です。

「開始早々の失点だから、十分に取り戻せる。くよくよしたって始まらない。そんな暇があるなら、挽回して取り返せばいい」

前を向くこと、それでいいのです。

もしもこれが日本の試合で起きたら、ずっと反省していないとその無神経さに腹が立つ人もいるかもしれません。

けれどもアラバ選手のように、もうちょっと皆、鈍感であっていい。日本人はとくに敏感でありすぎるのではないでしょうか。

鈍感力があれば、断られてもへこたれない

断られてもへこたれない――。

それは「考え方や受けとめ方次第」で、そんなに難しいことではありません。

何か断られたときに自分が傷つく必要はないということです。

たとえばダイヤモンドのような本物の鉱石が自分の心の中にある、と信じるだけでも、どんなモノにも自分は傷つけられないと思うことができます。

断られたときの言い訳ではありませんが、断るほう、断られたほう、双方を傷つけることのない優れた言い回しが日本にはあります。

それは**「縁」**です。

断られたときに「縁がなかったんだな」と考えること。縁がなかったことで、いったんすべてを片づける。これは日本ならではの非常にいい表現だと思います。

なぜなら**縁がないのは自分が悪いのではなく、相手も悪くない。**たまたま縁がなかったと、あらゆることが「縁がなかった」で片づけられるからです。

仕事のオファーがなくなった。

仕事が途中で打ち切られた。

女性から交際を断られた。

すべてを縁がなかったと言い聞かせ、縁がもともとなかったのだから、次へ向かう。明るい気持ちで次のステップに進むことができます。

なぜそうなったのかの反省は必要ですが、**くよくよせずに反省を次に活かせばいい**というポジティブ思考になれます。

「縁がなかった」と「バスはまた来る」

私はこの「縁がなかった」は、日本特有の絶妙な言い回しだと思っていましたが、あるウズベキスタン人の若い友人に出会って、そうした表現は日本だけではないと知りました。

彼はコンビニエンスストアの店員で、ウズベキスタンの話などを尋ねるうちに仲良くなりました。これも縁です。付き合っている彼女の話もしてくれていたのですが、その後、彼女と別れてしまいました。

さぞかしがっかりして、落ち込んでいるだろうと、声をかけました。

そうしたら、彼は毅然としてこう言ったのです。


「大丈夫。バスはまた来る」


思わず、「それはウズベキスタンのことわざなの？」と尋ねたほどです。でもことわざでも何でもない。その強くて、おもしろい言い方が今も印象に残っています。

私は日本語の「縁がなかった」と同じように使えると思い、この言葉「バスはまた来る」が気に入ってしまいました。

彼女はバスみたいなものか――。

でも**失恋の後にそんなことが言えるなんて、まさしく鈍感力**そのもの。彼自身はちゃんとした感覚を持つ繊細な人ですが、鈍感力も備えているのです。

悲しみに浸ってもしょうがないと、その感覚を和らげる鈍感力＝理性の力で乗り切ろうとしていたのでしょう。まさに、鈍感力でへこたれない一例です。

縁がなかっただけと思えばいい

人の批判は聞き流し、感情的にならない

人からの批判というものは、大変気になるものです。

それを防ぐには、一つは耳に入れないこと。耳に入ったとしても基本的に聞き流す。

そして批判の中で当たっているものは、「それはそうだよな」と、第三者の立場、他人事《ひとごと》のように客観的な視点で、感情的にならずに冷静に受けとめること。

これをちょっとした「技」として身につけるといいでしょう。

当たっていない批判は聞き流すか、見ないようにするのが一番です。

ところが批判の中にもアドバイス的なものがある。このアドバイスが耳に入らない人、これはちょっと**「痛い人」**になります。

指導する立場からすれば、自己中心的というのでは困るわけです。

いわゆる「自己チューの人」はどうすればいいのでしょう。

そういう人は、そのアドバイスが自分のことを思って言ってくれているものかどうか見極める必要があります。**忠告なのか、ただの批判なのか**を聞き分けられるかが重要です。

よきアドバイザーとの出会い

オリエンタルラジオの藤森慎吾さんは「笑っていいとも」に出演したとき、メイクルームで毎回、タモリさんに一生懸命話しかけていたそうです。

あるときタモリさんは言います。

「お前、本当にペラッペラだな」

つまりお前の話は中身がないと。それだけだと単なる批判です。ペラッペラで中身がないという話だけだと傷つきます。

この話には続きがあります。

「お前はチャラチャラしているから、『チャラ男』でいけ」

タモリさんは批判ではなく、本質を突いて、「お前はこうなんだから、これでいけよ」

と、アドバイスしたのです。次の回に、藤森さんはチャラ男全開。

タモリさんが爆笑してくれて、藤森さんは自信を持ったのです。

モノの本質が見えている人の助言やアドバイスに耳を傾け、さっそく修正してみる。やってみますと言ってすぐやる。そうすると可愛がられます。

アドバイスを素直に聞き、それに応えられるかどうか。それが「伸びる人」と「伸びない人」の違いです。

いいアドバイザーとの出会いは大切です。

そこではアドバイザーを選ぶ際の「人を見る目」も大事です。そして自分のことを本当に思ってくれる経験値の高い人からのアドバイスを受け入れる。そういう人が周囲に2、3人いると悩みすぎないですみます。

人のアドバイスに耳を傾ける

自分で考えすぎる人は、根本的なところで素直さに欠けているのかもしれません。

素直じゃないから、人に聞くことができない。素直じゃないので人のアドバイスを聞き入れられないこともあります。

「下手の考え、休むに似たり」――経験のない、下手な考えというのは堂々巡りになるので、休むのと同じだという認識は重要です。

実は孔子もそのことについて述べています

吾嘗《われかつ》て終日食らわず、終夜寝《い》ねず、以て思う。益なし。学ぶに如《し》かざるなり。

『論語』衛霊公第十五・三十一

（口語訳）
私は以前、一日中食べず、一晩中眠らずに考え続けたことがあったが、ムダだった。学ぶほうがいい。

孔子は一日中考えたけど大した効果はなかったと言います。むしろ人から学ぶほうがいい。先人のものを学ぶほうがいいと。

「自分一人で考え続けても限界があるから、それなら学ぶほうがいい」と孔子は言っているのです。

ただこれは「思うこと＝考えること」を否定しているわけではありません。

孔子には次のような言葉もあります。

学びて思わざれば則ち罔《くら》し。思うて学ばざれば則ち殆《あやう》し。

『論語』為政第二・十五

（口語訳）

外からいくら学んでも自分で考えなければ、ものごとは本当にはわからない。自分でいくら考えていても外から学ばなければ、独断的になって誤る危険がある。

学ぶことと、考えることとは、補完しあっていると孔子は述べています。その上で、私は、孔子は学ぶこと、人からのアドバイスに耳を傾けることが重要だと言っていると理解しています。

行動しながら修正、選択して人生が好転する

まずやってみよう、やってみてから考えようという行動は、鈍感力があるからこそできるポジティブ思考によるアクションです。

やってみてダメなら修正すればいい。この「修正力」を鍛えると、「考えすぎ」や「気にしすぎ」をコントロールすることができます。

もし修正しないと、やる前にものすごく考えなくてはならなくなり、停滞してしまうことになります。

「小さく産んで、大きく育てる」という言い方があります。

新商品の開発では「とりあえずこの狭い範囲で試してみて、ダメだったら修正しよう」という方法です。ここの店舗だけで売ってみるとか、この地域、静岡の限定販売にするとか。もしダメでも、すぐやめれば、損失も少なくてすみます。

「あれこれ考えるよりも、まずちょっとお試し販売をしてみる」
「お客様の反応から課題を見つけていくほうがいい」
お試しによって、新商品の足りないところや、アピールすべきところがわかり、新商品開発が格段に進むことがあるのです。

久保選手に学ぶ人生の展開力

人生においてもこのような修正と選択の例があります。現在、レアル・マドリードに在籍している久保建英選手の海外移籍のプロセスが参考になります。

久保選手は、幼少期をバルセロナで過ごしました。あまりにもサッカーがうまいので、FCバルセロナからスカウトされ、ジュニアチームのカンテラでプレー。そこでも認められ、**将来はバルセロナでの活躍が期待されていました。**

しかし、規約違反があって、出ざるを得なくなり、日本に戻ってFC東京に加入。契約満了とともに、晴れてバルセロナに戻るはずでした。でもそうはならず、彼は、ライバルチームのレアル・マドリードに移籍しました。

バルセロナでは、2軍のBチームで1、2年やることを要求されたようです。

久保選手は、その1、2年はムダであると考えた。

そしてレアル・マドリードから、プロとしていい契約条件が提示された。結果、レアル・マドリードの所属になり、マジョルカという1部チームにレンタル移籍し、活躍したのです。

1部リーグのマジョルカでの活躍は、バルセロナの2軍Bチームを選択した仮定と比較すると、数億円の評価の差があるでしょう。実際、2年目には同じ1部リーグのビジャレアルに年俸数億円という形でレンタルされています。

今やスペインだけでなく、世界中のサッカー関係者とファンが久保選手の実力を高く評価しているのです。

当人はバルセロナのサッカーが好きで、本当は戻りたかったはず。しかしこの1年、2年がプロサッカー選手のキャリアとして、ものすごく大事な時期であることを彼はわかっていた。そこで、**正当な評価をしてくれるところを選択した**のです。

このような選択はサッカー選手に限らず、私たちの人生にはよくあることです。

何が正しい選択だったのかは、わかりません。そもそも「正しい」選択という考え方が的外れなのかもしれません。ギリギリまで考えて、責任をもって選択し、「その選択でよかった」と思えるよう努力するということです。

自分にとって最も大切なこと

私たちも選択肢をきちんと見極めて、自分にとって最も重要なものは何かをはっきりさせることが大切です。

実は久保選手がマジョルカで成果を出してから、バイエルン・ミュンヘンは10億円を超えるオファーをしました。

でもそれは断りました。なぜならスペイン国内で1年プレーし、やりたいことができ、成功しているので、ここで大きくプレースタイルや環境を変える必要はない。だから多額の契約オファーがあっても、金額で判断せずに断ったのです。こうした判断ができるのは、自分にとって**何が最優先事項なのか、はっきりしているから**です。

選択する際にはいろいろな要素がありますが、最優先事項は何か、絶対譲れない要素は何なのか。それを明確にすれば、人生が好転していくのです。

―第3章―

「いい人」をやめて、「あまり気の回らない人」を心がける

鈍感になる練習①

人に合わせすぎず、いい加減がちょうどいい

いい人ほどストレスをためやすいといわれます。

自殺で亡くなっていった人の中に、**「あの人は本当にいい人だった」**という人がたくさんいらっしゃいます。

敏感すぎて他人の意向に沿うようにしていると、だんだんとそれが疲れとしてたまってきます。いい人というのは他人の意向に敏感で、繊細な人だと思います。

他人に合わせられる人、他人に合わせていく人は、それが生来の気質に合っていれば、スムーズにいくわけですが……。

しかし、普通は合わせすぎると疲れてきます。自分をよく見せようと思いすぎて、相手との軋轢《あつれき》を絶対に起こしたくないとの思いから、ちょっといい人になりすぎると危険です。

「いい加減ぐらいがちょうどいい」、とよく言います。

いい加減とは、無理しない範囲のことです。

塩加減なら、入れすぎないのもダメで、ちょうどいい適量がある。人づきあいにおいても、いい塩加減、これぐらいの距離感がいいというのがあります。

人づきあいは距離感が大切

対人関係でも、たとえば飲み会が苦手な人は、飲み会は3回に1回くらいなら耐えられるけど、3回連続とか続けて参加すると、明らかにストレスがたまって疲れてしまいます。

対人関係における一種の耐性、**耐えられる基準を自分でわきまえて、距離感をちゃんとつかむことが必要**です。

『ポツンと一軒家』という番組を見ると、山奥を切り開き、一人か一家で暮らすことにメリットを感じる人がいます。

人づきあいに疲れたり、都会の生活に疲れたりしたら、こうした山奥で自分の生活をコントロールするほうがラクなのでしょう。

そうして自分のライフスタイルを築く。友だちをやたらに多くする必要もない。

あの福沢諭吉は自分には一人も**「莫逆《ばくげき》の友」（親友）**はいなかったと言っています。

本当に朋友になって共々に心事を語るいわゆる莫逆の友というような人は一人もない、世間にないのみならず親類中にもない、といって私が偏屈者で人と交際が出来ないというではない。

『福翁自伝』（岩波文庫）

昔は書生同士で議論をしたが、ムキにはならなかった。上手に距離を取っていい加減にやっていたと率直に回想。無理してでも、いい人に思われるようなことをしていないと振り返っています。

一方で、「人にして人を毛嫌いするなかれ」（『学問のすすめ』）と交際を勧めています。

諭吉の人づきあいはバランスがいい。**一定以上踏み込まない風通しのよさ**を感じさせ、距離感が適切に保たれた付き合い方は、参考にしたいものです。

不特定の皆に「よく見せよう」としない

敏感さのアンテナが、ちょっと振れすぎている人は、少し鈍くする必要があります。いい人になろうと思いすぎない、自分をよく見せようとしすぎないのが基本です。

SNSでは自分の写真を加工し、「盛って」よく見せようとしがちです。盛ること自体は、遊びでストレス解消にもなります。しかし**「よく見せよう」**として、人に合わせるエネルギーを使いすぎると、最後は枯渇して、合わせすぎる自分を嫌いになりかねません。

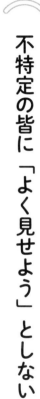

まず友だちを区切って考えてみましょう。

「この2人、この3人が自分をわかってくれればいい、何とかなる」

「この人たち以外にはそれほど好かれなくても構わない」

そうすれば身の周りや、皆にいい人と思われるように無理して振る舞わなくてもよくなります。基本的なマナーを備えた行動ができていれば、それでいいのです。

「いい人」にならなくていい

「いい人になりなさい」とブッダは言っていません。犀《さい》の角のように歩いていきなさい、群れをつくらない**犀のように、独りで生きていきなさい**と言っています。

（前略）諸々の生存には患いのあることを確かに知って、犀の角のようにただ独り歩め。

『ブッダのことば　六九』

貪欲と嫌悪とは自身から生ずる。好きと嫌いと身の毛のよだつこととは、自身から生ずる。諸々の妄想は自身から生じて心を投げうつ、――あたかもこどもらが鳥を投げすてるように。

それらは愛執から起こり、自身から現われる。（後略）

『ブッダのことば　二七一、二七二』（岩波文庫）

「人の目を気にしすぎている」と気がついた時には、犀をイメージしてみるのも一手です。悠然とひとり前へ進んでいくイメージです。犀の角のようにただ独り歩めというブッダの教えが、『ブッダのことば』にはくり返し見られます。基本的に最後は独りなのだから、独りで歩いていきなさいというのです。

「観照的自己」と「不動の自分」

禅も仏教同様、人からよく思われることを推奨していません。

禅は座っているのが基本ですから、座禅をしている人は、どう見られているかはあまり気にしません。

禅の開祖・達磨は壁に向かって座り、それが禅の始まりといわれています。

静かに座るという行為は活動せず、**人とも関わらないので自分自身に集中できる。**歩き回ったり、しゃべったりしないので、座して自分自身と向き合うことができます。己の内側を見つめ、「湧き上がる想い」を見つめ続けると、心が静まってくる。想いは、湧き上がっては消えていきますが、それを見つめて、自分を冷静に見つめるもう一人の自分をつくるのです。

この自己を**「観照的自己」**といいます。
観照とは冷静に見つめること、禅の教えは、そうした自己を持ち、「不動の自分」をつくることなのです。外から見られている自分は、周囲の目に対応しなければいけないので、揺れ動きやすい存在です。

これに対して自分を見つめている自分は、見ているだけの自分なので動かない存在。だから**「不動の自分」**というのです。

天から見つめているもう一人の自分、と思ってもいいかもしれません。身体感覚として、もう一人の自分がちゃんと見つめている。

見ている自分こそが本当の自分であるというのは、難しい言い方ですが、メタ意識の自分。メタとは超えるという意味で、メタ意識は、次元を超えたところから自分を見つめている状態です。

ありのままの自分を見つめる

たとえば野球の投手がピンチに陥り、焦っている。

そのときもう一人の「不動の自分」がいれば、「落ち着け」と言いきかせ、ひと呼吸入れ、戦況から1点は取られるのを覚悟することを客観的に判断したのち、打者に集中して投げることができるようになります。

いきなり「無心になれ」と言われても難しい。静かに自分を見つめることで、心が静まってきます。

つまり瞑想や座禅を通して、**客観的にもう一人の自分を見つめ続ける自己をつくる。**これが禅のねらい、目的なのです。

本当の自分というものが、そもそも確たるものとして存在しているわけでもない。自分というより、それを見ているもう一人の自分、観照的自己というものを確立し、自分を見つめられるようになると、**よく見せよう、優れていることをアピールしようという意識が薄れていきます。**

そうして、ありのままの自分が確立され、自然体で振る舞うことができるようになるのです。

自慢しない、知らないことは知らないと言う

うぬぼれること、自慢することは、今の時代、とても嫌われます。

一方で大口をたたいて、結果を出す人にはカリスマ性が生まれますが、できなければ、その分、**周りから攻撃される**ことがあります。

ネットのレビューやYouTubeなどで一般人のコメントに、たとえば「自分はこのアップされている人よりうまく歌える」と書いてあると、皆に総攻撃を食らいます。だったら「歌ってみました」を上げてみろ、などと厳しいコメントが寄せられて、やり合いが起きるでしょう。

書き込んだコメントの人は歌がうまいのかもしれませんが、そんなことを書くと徹底的にたたかれる傾向があるので、**うぬぼれたり、自慢はなるべくしないで、ありのままがいい。**

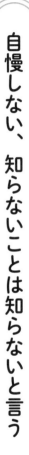

もし言いたければ人のYouTubeの欄にマイナスのコメントをするのではなく、「自分が歌ってみた」というのをアップすればいい。

「うまくないことは重々わかっていますので、ひどいコメントは書かないでください、心が折れますので」と書けば、「ご自身が思っているほど、下手じゃありませんよ」と言ってくれる人も出てきます。

まともな人間も数多く聴いていますから、優しいコメントが返ってくるものです。

「よく見せよう」と「盛って」しまうと、あとで回収するのが大変です。

自己評価を正確に伝える

学習能力が高いのに、いつまでも他人の目を気にして、積極的に前に出られない学生がいます。

いざ発表させると、衝撃的なほど出来がいい。

私からすれば「どうして自分から手を挙げないの？　こんなにいいものを持っているのに」という感じです。

意外にそういう学生は多く、**「能ある鷹が爪を隠しすぎ」**です。

自分が前へ出たときに、失敗して、「それほどでもない」「言うほどでもない」「思い上がっている」と思われたくないのですね。

ここでは、自己評価を正確に伝える表現力を身につけるのがいいでしょう。

「自分としてはこれができて、まあまあな出来だと思っている」

「他の人と比べるとそうではないかもしれないが、自分の中ではベストです」

そう言えば問題なく、今の自分、ありのままを出せます。

「知ったかぶり」はやめる

孔子は弟子に『論語』で次のように教え諭しています。

これを知るをこれを知ると為《な》し、
知らざるを知らずと為せ。是《こ》れ知るなり。

『論語』為政第二・十七

（口語訳）

はっきりわかっていることだけを「知っていること」とし、よく知らないことは「知らない」とする。このように「知っていること」と「知らないこと」の間に境界線を引ければ本当に「知っている」といえる。

自分がどこまで知っていて、どこまで知らないのか、その境界線を見極められるのが知力で、そこから知の探究が始まります。

「知らないことを知らない」と言うのも練習です。

でも、つい**恥ずかしいから「そうだよね」と知ったかぶりをしてしまう。**

私にも覚えがあります。

若いころは**「知ってる、知ってる」**とその場で話を合わせて、次に会うときまでに本を読んで勉強しておく。

人からよく思われたいと、知らないことを知っているように振る舞ってしまうわけです。

ただ知らないこと、わからないことをそのままにしておくと、あとで厄介なことになることがあります。

しかし今では携帯やスマホがあるので、わからない単語や新しい言葉などは、人に聞くより検索すればすぐにわかります。それも一つの方法です。

それでも、年を追うごとに、**知らないことを、「知らない」と言えるようになるのが〝成熟〟**です。

そうした勇気を身につけることができると、一つ鈍感になれます。

うまく年を取ると、よく物事を知っていると見せたい、人よりできると思わせたい、他の人の話に合わせなきゃいけない、といった余計な自意識から離れられるのです。

他者の視線から離れて、自分の内面を見つめるうちに、**「ここでカッコつけてもしょうがないな、どう思われようといいか」**と割り切れるようになるのが成熟です。

話を合わせようと無理しない

相手が不機嫌そうなら、気づかないふりをする

身近な人が不機嫌そうなとき、それが自分のせいかどうかはわかりません。そういうときには、ちょっと放っておくのが順当な対処法です。

不機嫌な相手に取り入って「どうしたの、大丈夫」と言い続けていると、そのうち自分が疲れて、その人のことを嫌いになりかねません。

人の不機嫌さに深く関わりすぎない。

原因がわからない場合は、それはその人の問題であるとして放っておく。約束を破るなど明らかに自分のせいである場合には、「この間はごめんね、ドタキャンしちゃって」と素直に謝りましょう。

ただ、付き合っていて「何かと変なことを言ってくる」人がいたとします。その人を直すことはできないので、基本的には放っておきます。

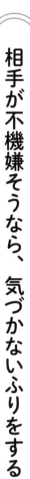

社会的なマナーの範囲内で対応して、距離を取るということです。

不機嫌になりがちで、変なことを言ってくる人がいたら、あまり反応しすぎないように。**とりあえず流す。流して、流して次にいきます。**

放っておくことに慣れると、気になってしょうがないものから、心を離すことができるのです。

前にも触れた仏教でいう「執着から離れる」ことです。ある人に対応しなきゃ対応しなきゃと思うと、気疲れしてしまうので、どこかでスイッチを切る。

すると「何か、ラクになったな」「あの人をそんなに気にする必要はなかったな、放っておけばよかったんだ」となります。

なかったことにして、前に進む

相手の表情がちょっと曇ったときに、**「どうしたの、何かイヤなことがあった？」**みたいな過剰反応をすると、不機嫌をテーマに話すことになります。

こんなときは基本的に流すのがいい。気づかないふりをするほうがいいのです。

「心を鈍感にする練習」ですが、鈍感になりきれない人は、気づいても気づかなかったふりをするのが、この鈍感力の一番のポイントです。

気づいたのは仕方ない。それをなかったことにして事を進めるのです。

相手がおかしなことを言ったとしても、受け流して次に進みます。

それを対人関係で行うと、ムダに反応しなくていいので、一つマイナスのきっかけがあったとしてもそれを増幅しないですみます。

「今日は顔色が悪いね、疲れていない？」

「えー、そんなことないけど疲れてるように見える？」

体調不良という**マイナスの会話からスタートするのは無意味**です。

久しぶりに女性に会って、相手が太っていたとします。そのときに「ずいぶん太ったね」とは言わないでしょう。気がついても言わない。

そのような練習をしているうちに、「なかったことにする」鈍感力が身についてくるのです。

様子を見たり、探り合わない

『話すチカラ』（ダイヤモンド社）という対談本でTBSの安住紳一郎アナウンサーに聞いたのですが、安住アナは初対面の人と話をするときに、様子見《ようすみ》をしないようにしているそうです。

「様子見をすると相手の機嫌や意向をうかがうようになって、踏み込めなくなるから」と。なるほどと思いました。

「相手は自分のことをどう思っているんだろう」と互いに探り合っていると、変な空気になってぎこちない感じになることがあります。

それなら初めて会う人とは挨拶を交わして、さっと本題に入り、明るく会話したほうが、すっきりとした出会いになります。

そのためには安住アナが言う**「様子見をしない」**のも、非常に重要なことです。

実はこのような思い切りは大切で、ある程度の鈍感さが必要です。つまり周りのことを考えすぎるのではなく、ちょっと強引に、思い切り踏み込んでみる。

「ちょっとした強引さ」は重要です。

たとえばサッカーのプレーで、ずっとパスコースを探して、シュートを打たないことがあります。

それが、ある程度の強引さを皆が持てば、ゴールへの意識が高まり、戦況を打開できるわけですから。

ちょっとした強引さを表に出してみる。

すると、この人、ちょっと自分を出しているなと感じるので、わかりやすい人間に見える。**人間関係をつくるのがうまい人は、ちょっとした強引さを持っている人**ともいえます。

地を出していくとか、地を出してちょっと強引だと、普段の顔が見えやすい。すると他の人も距離感を取りやすくなるのです。

他人から「褒められたい」気持ちは捨てる

他人から「いいね」「いいね」と褒められたい気持ちは、誰にもあります。でも大事なのは、前述した「自画自賛力」を高めること。自分で自分を褒める回路をつくって、人から褒められなくてもやっていくことです。

褒められるからやるというのは、ちょっと弱い。

それが好きだからやっている。褒められるかどうかは別にして、基本、好きだからやっているというように**モチベーションを他人に求めない**ことです。

モチベーションの根源を他人に褒められることに置くと、褒められないとがっかりしてしまうからです。

褒められる、褒められないに関係なくやる。

作家になりたければ、作品を書き続ける。

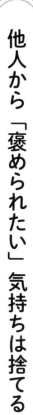

宮沢賢治は童話や詩を書き続けて、トランクをいっぱいにしました。一つひとつの作品を褒められたいから書いていたわけではありません。

自分がこういうのがいいと思うから、書きたいから書いた。それが褒められるか、褒められないか、勝負は時の運です。

褒められるかどうかが、モチベーションにならないようにする。それはいわば志というものです。

志を立てれば、左右されない

志に人から褒められたいということはありません。それは志とはいいません。自分はこれをやりたい、世のため人のために使命感を持って取り組む、それが志です。

人から褒められたいからやるというモチベーションは、ちょっとスケールが小さい。福井県では今でも「立志式」をやっているようですが、志を立てることが若いときには必要です。「人から褒められるから」ということから離れられる。

志でやる。**他の人の目を気にしなくていい、ただ志でやっている**のだと。鈍感になる練習には、この志を忘れてはいけません。

吉田松陰は志をとても重視した人です。

立志、自分が何としてもやり遂げたいこと、使命感を持ってやり遂げたいことを、木の幹のように志という字で定めると、他の人の言うことがほとんど気にならなくなる。**見事に鈍感になっていく**のです。

私は10代終わりのころに、学問・研究で身を立てるという志を持ったので、服装や髪形が一切気になりませんでした。

極端な話、**褒められる、褒められないは、まったく気にならない**という、まさしく鈍感力を磨いた時期がありました。

私の青年期は、今のように洗練された若者文化はなく、皆、見た目などさして気になりませんでした。

志があると、他の人が自分のことをどう見ようが、何を言おうが気にならず、自分を低く評価されても、自分の志に対して影響はまったくありません。

志という一本の木の幹を立てることは、鈍感になるにはいいこと。他人の言葉にいちいち反応しなくてよくなるからです。

目は口ほどにものを言わない

「目は口ほどにものを言う」といいますが、普段の行動ではさほどではなく、むしろ人目を気にしない。**「誰かが見ている」**と、普段から気にする必要はありません。

軽蔑の眼差しのように、他人の視線が気になる人には、私が実践していた**「人目を気にしない練習」**というのをおすすめします。

それは電車の中でできます。動体視力を上げるため、電車で座っているときに向こう側の景色を目で追います。車窓から去りゆく景色をたとえば左から右へと素早く目で追っていくのです。向い側の人は笑っていましたけれど、それを気にしないでやりました。

目につく電信柱に前蹴りをしながら歩くという修行もやりました。それも笑われましたけど、気にしない。人間、修行中のときには、意外に気にならないものです。

どんかんコラム❶

社会的に迷惑をかける場合は別ですが、自分が修行としてやっていることに人目を気にしても仕方がないと考えるのです。

電車の中で目が速く動いているからといって、誰にも迷惑はかかりません。少なくとも私の目の前にいたカップルは、それで大笑いをしながら話していましたから、ちょっと二人の仲を縮めるのに貢献したのではないかとすら思っています。

「人目を気にしない練習」は他にもあります。

自分としては少しおかしいと思う服を着て歩いてみる。そうすると自分が思うほど、周りは自分のことを気にしていないことがわかります。

自分が思うほどヘンな服じゃない。

自分が思うほどヘンな髪形じゃない。

自分が思うほどヘンな顔でもない。

ですから、ときどきダサいと思う格好で外を歩いてみるといいでしょう。

これはマナーの範囲内でできると思うので、ぜひやってみてください。

―第4章―

鈍感になる練習②

不安や心配ごとは、現実には起こらない

心配ごとは、自分が思っているほど起こらない

心配ごとをぼんやり思い描いて、現在の気分を暗くしてしまう人がいます。

まず、その心配ごとが起こる可能性、確率を考えてみましょう。

たとえば宝くじの1等は高額だけど、当たる確率は非常に低い。心配ごとも同様に考えて、どれぐらいの確率で起こりそうかを見るのです。


何事にも心配な人は、自動車事故や航空事故、水難事故などと比較してみてはいかがでしょう。


大事なのは統計的な思考。航空事故、墜落事故の確率は低い。ひとたび起きれば大惨事になるけれども、比較的少ない。**計算すればさほど心配ではありません。**

たとえば隕石が落ちるのは心配だが、その確率は圧倒的に低い。

恐竜が滅んだのは、巨大な隕石が地球に衝突し、気候変動が起きたのが原因といわ

れていますが、隕石が当たる心配や確率は、前に述べた「杞憂」の話みたいなもので、天が落ちてくるのに近い馬鹿げた心配です。

心配ごとが増えると、心が暗くなる――。

敏感な人ほどその傾向があります。

いろいろなことに感じやすいので、将来が心配になるのは無理もない。そんなときには確率を計算して、めったに起こらない確率、たとえば1000分の1だったら無視しましょう。

子どもの飛び出しは想定する

とはいえ、例外はあります。人を傷つける危険がある場合です。

車を運転していると、小さな交差点などでは子どもが自転車で飛び出してくる可能性があります。

この場合は子どもの飛び出しを想定して運転します。

確率が1000分の1だったとしても、その1000分の1が初回に来るかもしれない。飛び出し事故の当事者になると、その悲惨さの度合いは大きいので、これは絶対に避けなければいけません。

まず四つ角では子どもの飛び出しを予測し、毎回、飛び出してこなくてよかったと思うぐらいでないと、いつか事故を起こします。**たとえ確率が1000分の1でも気をつける必要がある**のです。

まあ、どっちでもいいか……

人に危害を与える以外の心配ごとは、確率が低い場合には、どっちでもいいと考えるようにしましょう。

もう一つは、それほど重大事でなければ、どっちでもいいやと割りきるのです。心配性な人は、人と話をしながら心配ごとを検証すると、思ったほどではないことが多いものです、

そんなときは**「まあ、どっちでもいいか」と一息つく**といい。これを口癖にする練習をしましょう。

そうすると、心配ごとを減らしていけます。

不安になりすぎてしまう人は、思うだけで疲れてしまうわけですから。


将来への心配はキリがありません。今回のコロナ禍は教訓やレッスンにしましょう。

先のことをいくら心配しても、こんなことも起こるんだ。まったく想像できないことで世界がこんなに変わってしまうんだから、あまり細かいことを心配していても仕方ないと。

とりあえず今ある現実や課題について行動するしかないと考えましょう。

コロナで、全世界が変わってしまって、もう終わりだと悲観してしまう人もいるかもしれません。

しかし、今、自分にできることをやっていく。

目の前の課題を克服していくことに集中する。

そうしていくうちに、「心配ごとの無限ループ」から離れることができます。

シミュレーションをしても、現実とは違う

もしこうなったらどうしようと先を読むことと、シミュレーションして想定内にすることとはちょっと違います。

いろいろな可能性を押さえて、想定内にしておくことは重要です。

やたらと心配になり、ソワソワすることもありません。

頭の中に入れておいて、最悪の事態に備えて覚悟を決めておく。するとそれ以外は**「大したことはない」**と思えます。

また基本的には緻密にシミュレーションしておいても、あまり意味はありません。

実際に始まってみると、まったく違うことがあるからです。

これについては『ハドソン川の奇跡』という映画が参考になります。

離陸直後の飛行機が、エンジンに鳥を吸い込んでしまって故障、行き場を失ったも

のの、ハドソン川に着水し、最悪の事態を防いだというのがあらすじです。

この映画を見ていない人は、パニック状況の中で、いかに機長が冷静に判断してハドソン川の着水に成功したかという話だと思うでしょう。


ところが映画は、事件が終わったあとから始まります。実はエンジンはまだ動いていて、川への危険な着水は機長のミスではと、査問委員会が開かれるのです。

「機長の判断で乗客の命が救われたのか」

「本来は必要なかった川への着水をしたのか」

委員会が出してくるデータをチェックしていきます。すると――。

「ほかの可能性もあったんじゃないか」

「空港に戻って着陸も可能だったのでは」

との見解が出てきたのです。

そこで査問委員会を経て、検証委員会がコンピュータを使ってシミュレーションを行います。川に着水する以外の方法を模索したシミュレーションを実行し、見事、滑走路に着陸するのです。

本番とシミュレーションの違い

そこで機長が質問をします。

「このシミュレーションは事前に何回練習したのか」と。回答は17回。

機長はそこで**「17回練習してやるのと、本番は違う」**と主張します。

トラブルが初めて起きたときは、判断が揺れるので、その要素を入れていないのはおかしい。

しかし、シミュレーションでは、どうなるかわかっているので、皆、慌てずにスムーズに操作できる。だから滑走路への着陸が可能となります。

そこで、その人間的な要素、迷う時間を35秒としてシミュレーションをし直しました――。

すると迷っている35秒間に、高度が低くなりすぎてビルに突っ込んでしまうことが明らかになったのです。

つまり実際は、トラブルに遭遇した人間にしかわからない、いわゆる**シミュレーションとは違う結果が出た**のです。

やってみないとわからない

実は経営でも同じことがいわれます。指導に当たる経営コンサルタントの仕事は、経営のシミュレーションみたいなものです。

ＤｅＮＡの南場智子さんは、『不格好経営　チームＤｅＮＡの挑戦』（日本経済新聞出版）という本の中で「マッキンゼーのコンサルタントとして経営者にアドバイスしていた自分が、これほどすったもんだの苦労をするとは……」と言っています。

経営はやってみなければわからない。コンサルタントの仕事とは全然違うのだと。散々シミュレーションしたからといって、経営コンサルタントが会社経営を上手にできるかというと、そうではないのです。

スポーツでも、人気の解説者がいざ監督をやってみたら、全然ダメだったというケースもよくあります。

シミュレーション、想定を決めておくことは必要ですが、ある程度決めたら現場に行って考える。実は現場に行っての判断力、修正力が非常に重要なのです。

いい世の中と思えば、今の不安はちっぽけなもの

近未来に比べ、過去は、基本的に変えることはできませんが、過去を懐かしく思い出し、セピア色の思い出に浸るのはいいことです。

そのときのほんわかした思い出に浸って、失恋も思い返せば悪くなかったなと。

『香水』という瑛人さんの歌が流行りましたが、あれはもう一度付き合いたいわけでもなく、香水の匂いが、君を思い出させ、忘れなくさせるという歌です。どうせまた僕がフラれるんだ、という冷静な認識が切ないですね。

過去は思い出であって、変えることはできません。

もし変えることができるとすれば、二つの方法があります。

解釈によって意味を変える

記憶を薄れさせる

解釈で過去の意味を変えていくとは、あの失恋があったから別の交際ができている、教訓として恋愛に悩まされなくなったなど、評価や解釈を変えていく。

そうすると、過去を後悔するのではなく、解釈し直して新しい世界に入ることができるようになるのです。

～とは言い切れない

過去の失恋をマイナスにせず、解釈を変えるには、具体的にどうすればいいか。

そういう意味では「ぺこぱ」という漫才コンビの松陰寺太勇さんの**「ノリツッこまないボケ」を応用する**といいでしょう。

「フラれた、悲惨だー、『とは言い切れない』」というパターンです。

「ひどい目にあった、試験に落ちた、先が見えない！『とは言い切れない』」

というように、何でも「とは言い切れない」でひっくり返すという練習をするのです。

このぺこぱ流「ノリツッこまないボケ」――全部マイナスのことをプラスに変えて「ツッこむ」ということです。

マイナスに思えることや過去について、「あー、これで追い込まれてしまって絶望ダー」って思ったときに、「とは言い切れない」ってつける。

そうして練習すると、何にでもつけられることがわかります。

「テレワークで給料が減った、きつい――とは言い切れない。なぜなら副業ができるから収入は増えるかも」みたいな。

そういうふうに転換させるには、口癖として練習することです。

過去は消せないけれど、解釈は自由。

あとは忘れるか、薄れさせるかでどうにかなります。

時間の早回しで、忘れる練習

忘れる練習というのもあります。

過去にあったイヤなこと、昨日あったイヤなこと。人からイヤなことを言われたり、仕事がナシになってしまったり、イヤなことの記憶を忘れたいと思ったら、非日常のことをポンポンポンと3つぐらい入れることです。

たとえば旅。一日でもいい、東京なら近場の熱海や草津温泉でもいい。パッと行ってパッと帰ってくる。あるいは、映画館に入って出て、高めのお店に入ったり、好きなものを食べる。そうすると一日前のイヤなことがすごく遠くに感じられます。

私がすすめるこの「時間の早回し」はすごくいいやり方だと思っています。

メニューをたくさん詰め込んで時間を早回しする。

たとえば映画は別世界に連れていってくれます。

私は録画してあった映画を一気に見ることがあります。

土日に10本見ると、金曜のことが、日曜の夜にはものすごく遠くに感じられます。

私は映画館をハシゴしたことがありますが、効きます。

アナザーワールドに入ることは、現実に対して鈍感になるには効果的です。

映画で別世界をのぞいてみる

先日、宮尾登美子さん原作の『櫂』と『寒椿』という映画をテレビで見ました。

『寒椿』は主演の南野陽子さんが好演。とても感動したので、宮尾さんの原作を読み返しました。

戦前の高知県の遊郭を描いたこの作品からは、**今とは全然違って貧しく、人々がギリギリで生きている**感じが伝わってきます。

ワイルドで、それが当たり前の時代を見ると、現在はなんて整備された時代なんだろうと。映画ではお父さんがバクチ打ち、そして女性で初めて車掌さんになった南野陽子さん演じる主人公が、お父さんの賭けの代償で遊郭に売られる。

描かれる世界は別世界のようですが、昔は現実にあったこと。そういうものを見ると今の現実に対して、もう一つの見方ができてくる。

現代はこんなにいい世の中だと思えるようになります。

自分の悩みなど、ちっぽけなもの。今の自分は、親の賭け事の代償で遊郭に身を売られることもない。

「ちょっとほっとする」――そういうことも、鈍感になる練習です。

マイナスをプラスに変えてみる

情報だけに頼っても、あてにならない

情報を集めすぎると動けないことがあります。

ムダな市場調査がかえって邪魔になるのです。

私は本を出すときに市場調査はしません。

20年ぐらい前の話ですが、『座右のゲーテ』（光文社新書）という本を出したとき、編集者自身もゲーテには注目していなかった。当時、ゲーテに注目している人はほとんどいませんでした。

マーケティングをして、どんな本が売れそうかと調べても、「ゲーテの本が売れそうだ」とは絶対に出てこないわけです。

私はゲーテが好きでした。

『ゲーテとの対話』という素晴らしい本があって、ゲーテのアドバイスは、今の日本人にとって最高のものになるという確信があったのです。

学生のときから好きでたまらない、ゲーテの数々の名言を解説する本でした。

マーケティングでは売れるかわかりませんでしたが、結局、その本は売れました。

つまり**情報を集めても致し方ないこともある**のです。

ゲーテの名言を読みたい人が、1万人中0人だという調査結果があったとしても出版する。隠れた需要というのは必ずあるものです。

情報を完璧に集めなくても、行動はできるのです。

情報の分析だけで判断しない

情報はある程度必要ですが、情報を分析したからといって、判断が正しいとは限りません。アメリカの大統領ともなれば、その判断は難しいと思います。

膨大な量の分析があって、「さあ、どうする！」というときに、たとえば大統領が、中国のＨｕａｗｅｉ（ファーウェイ）をアメリカから追い出すかどうか、非常に難しい問題ですが、最終的には大統領が一人で判断を下すものです。

情報を積み重ねれば、判断できるのか。情報がなければ判断はできないが、無限に情報が必要かというとそうでもない。

情報をどこまでにとどめて、適切な判断を下せるかが重要なのです。

先行きの心配をすればキリがない。

もうこれで判断したのだと言い切れる決断力のある人は、結構、鈍感力のある人だと思います。

「あれこれ細かい懸念はあるが、これでいく」、そういう人です。

決断力のある経営者には鈍感力があります。他の人が何と言おうとやりきる、データ上は不利だけど信念を貫く人が多いですね。

推進力を持って前に進むためには、鈍感であることが必要です。

人の顔色をうかがいながらでは進めません。

「最終的に責任を取るのは自分なんだ」と決断を下すときには、ある程度の鈍感力は必要でしょう。

恋も結婚も、その先は鈍感になればうまくいく

結婚する割合は、かつて90％を超えていました。今ではその割合も減り、一方で離婚が増えています。

結婚という判断も、ある程度鈍感でないとできないかもしれません。本当に敏感であれば、情報を集めて、何年も精査するうち、**この人と暮らすのは無理かも**と思ってしまうでしょう。

私の両親は、結婚式までに会ったのは2回か3回でした。それでも最後まで離婚しないで暮らしました。当時の人は鈍感というか、相手のことをよく知らないまま、結婚したわけです。**「まあ、よさそうな人だから」くらいの認識**です。

女性が我慢していたという説もありますが、許容範囲を広くして、結婚するのが当たり前という世の中の雰囲気もありました。

そんな世の中では、敏感すぎたら結婚なんかできません。

「この人はいいらしいよ、評判もいいよ、どうかね」

「ではそれで結構です、お願いします」

そんな感じで進みます。一生のことなのに鈍感さにも程があるという話です。

今ならマッチングアプリ、出会い系アプリで、10も20も、**あらゆる査定要素を入れて、5人、10人、20人と会っていきます。**

それに比べて、昔は非常に少ない中で、「この人がよさそうだよ、どうだね」と言われて、「そうですね」と決めていく。

この鈍感さで昔の社会は動いていたのです。これはこれで幸せなことです。

あれこれ考えすぎて結婚にたどり着けない現代を考えると、とにかく結婚というものをしたいときには、少し鈍感になることも必要なのでしょう。

「恋は盲目」も鈍感力

結婚した後に、やっぱり違うと思うかもしれません。

そのときも鈍感力が必要です。

「この人の食べ方が気に入らない」
「話し方が気に入らない」
「服の脱ぎ方が気に入らない」

これらすべては鈍感力で緩和されます。

それでもダメな場合は、離婚する。

離婚は今やノーマルな選択肢になりました。3組に1組が離婚するということは自由な時代ともいえます。

鈍感力で結婚し、鈍感力で我慢しようと思ったけど、限界が来た――。

新たな道を探すためには、離婚を選択しても全然構わない。これも新しいライフスタイルです。

「恋は盲目」という言葉があります。

シェイクスピアも『ヴェニスの商人』で「恋は人を盲目にさせる」と書いています。

恋は盲目。恋人たちには恋人が犯す小さな失敗が見えなくなる。

『ヴェニスの商人』

「盲目になるのは恋の習い」ということです。

好きになると興奮のあまり盲目になり、相手の悪い面が目に入らなくなる。日本語でいう「あばたもえくぼ」、これはまさしく鈍感力です。

一概には言えませんが、恋は鈍感になるためにあるともいえるでしょう。

結婚生活にイライラしない

共同生活を続けるには、鈍感力がより一層必要です。

鈍感であることは傍若無人に振る舞うのではなく、相手のやることを必要以上に気にしないことです。

相手の一挙手一投足が気になってイライラする人は、鈍感力を磨いたほうがいいでしょう。

「自分には関係ない」

「この人はそういう育ち方をしたんだ」

「親の育て方が違うから」

そのくらいの気の持ち方でいいのです。


結婚は**「お互いの家族の習慣の束がぶつかり合う」**ことです。当然、異なる習慣の束がぶつかり合うと危険です。

これを収めるには、お互いの習慣に対して鈍感になって許容することが大切です。

食べ方の習慣についても、

「辛いものが好きなら唐辛子をどうぞ。でも、こちらにはかけないでね」

このくらいの許容範囲は、必要です。

冷房の強さも温度設定もいろいろな対処法があります。相手の習慣にいちいち反応してたらキリがない。

こんなときこそ、敏感にならず、鈍感力で対処することをおすすめします。

最悪のケースを想定したら……

鈍感力というと、考えすぎないこと、ポジティブ思考と捉えられがちですが、一つだけ考えておくべきことがあります。それは最悪のケースを想定すること。

人は想定外の攻撃をされると、どんなに頑丈な人でも傷つきます。しかし**敵が来るとわかっていれば、心の準備ができる**のでダメージはそれほどでもありません。サッカーやラグビー、アメリカンフットボールなどで危険なのは、思いもしないところからタックルされることです。しかし**予測できれば、ダメージは軽減できます。**

最悪の事態を想定することは、ネガティブ思考と思われがちですが、万一の場合に受け入れられるように思考訓練をしておくことは大切です。

ネガティブ思考とは常に悪いほうに気持ちが向かうわけですから、最悪なケースをセーフティーネットにして、現実を受けとめるということです。

実は勝負師の中に、そうした思考を実践していた方がいます。

どんかんコラム❷

柔道家の野村忠宏さん。アテネ五輪で前人未到の五輪柔道3連覇を果たしました。アテネ五輪前に対談させてもらったのですが、意外だったのは**試合前に最悪のことしか考えない**というのです。

「こういうふうにして負けることばっかり、頭の中をよぎってしまう」と。

しかし、いざ本番、試合会場の畳に上ると、「俺しか金メダルにふさわしい奴はおらん」となっている。そうしてオリンピック3連覇を果たしました。

これは試合でこうやったら負ける、この組み手だったら負けるという想定です。すると試合になったときに、不意をつかれても慌てることがなくなるのです。

相手選手の意外な戦術やアプローチがあっても、**「なるほど、そう来るのか、ではこちらは……」**と、シミュレーションができます。

私はこの話を聞いて、ネガティブ思考だからといって悲観することはないと思いました。最悪はこうだからという、ある種のセーフティーネットを心の中に築けると、落ち着いてポジティブに動けるのです。

―第5章―

ムリに反応しない、比べない、引きずられない

鈍感になる練習③

他人の意見に惑わされず、自分の価値観で生きる

自分の価値観で生きるというと、思い出す言葉があります。
哲学者フリードリッヒ・ニーチェの『ツァラトストラかく語りき』での言葉です。

「こは――わが路である。なんじの路はいずくにあるか？」われにむかって「路を問う」者に。われはつねにかく答える。路そのものは――存在せぬ！

『ツァラトストラかく語りき』第3部（新潮文庫）

「これが私の道だ、君たちの道はどこにある」
「君たちには、君たちの道があるはずだ。万人のための道というものはない」

そうニーチェは、ツァラトストラに言わせています。この問答は本質的なものを含んでいるように思います。

ニーチェはまた次のような言葉を残しています。

「世界には、君以外には誰も歩むことのできない唯一の道がある。その道はどこに行き着くのか、と問うてはならない。ひたすら進め」

一方で我が国の幕末の異端の革命児・坂本龍馬は次のような歌を詠んでいます。

「世の人は我を何とも言わば言え　我が成すことは我のみぞ知る」

『詠草二　和歌』

このニーチェと龍馬の2人の言葉はいわば「鈍感力」の標語のようです。

坂本龍馬の言葉は、「世の中の人に何と言われようとも構わない、自分がやることの価値は自分だけが知っている。だからそれでいいのだ」ということです。

ある意味、自分を見ている自分がいるような達観があります。

相手に反応しない、比べない、相手の評価を期待しない。他人の価値観に左右されずに、自分の価値観で生きるというのが基本です。

自分の価値観は、少しわかりにくいかもしれません。

「自分がこれをやっていると気持ちがいい」

「こうしていると充実する」

そんな感覚を手がかりにするといいでしょう。

自分自身でこれだという手応えがあるもの。それが自分にとっての「善、よいこと」とするのです。

手応えがないもの、何かピンとこないものは、自分にとってそれほど価値がないと考えます。

自分にとって価値があることとは?

「心が動き出す」「魂が躍る」「手にグッと力が入る」

「本当にやりたい」「絶対に好きだ」「力を込めて言いたい」

これが自分の価値観です。

自分自身がどう考えるか？

絶対的な価値観として宗教が存在した時代もありました。

西洋ではキリスト教がそうでした。

ニーチェはその価値観に異を唱えて「神は死んだ」と言いました。

神のような基準を外側に求めるのをやめよう、自分のことは自分で決めよう。

神を設定すると、人間は神にいいものを奪い取られた滓《かす》みたいになってしまう。

「神によって、人間が滓みたいな存在になるのはよくない」

「神はいない。神に代わって大地に生きる人間、その素晴らしさに気づこう」

「肉体を信じ、その肉体は大きな理性だと信じて、クリエイティビティ、創造性を発揮して自信を持って生きていこう」

こうしたメッセージはニーチェ以降、次第に浸透していきます。

既存のほかの価値観より、「自分がどう考えるか」が重要なのです。

判断に迷ったときは、経験豊富な人の意見に従う

人間は自由から逃走しがち、といわれます。

このことは社会心理学者のエーリッヒ・フロムが『自由からの逃走』（東京創元社）という本で書いています。

自由を与えられると、自由には決断や責任が伴う――ということは一般の人には苦しいこともあり、誰かに決めてもらいたいと思うことがある。

『自由からの逃走』が起きることをナチズムを通じて分析しているのです。

ドストエフスキーの『カラマーゾフの兄弟』（新潮文庫）の中にも、大審問官という章があって、イエスの生まれ変わりのような男が次のように大審問官に批判されます。

「お前は確かに人間を自由にした、その自由に対して人間は耐えきれなかったじゃないか、お前のやったことは本当にいいことなのか、どうなのか」

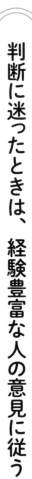

これはイワン・カラマーゾフがつくった物語ですが、自由を与えられた人間がそれに耐えきれない、だから他の人間に判断を仰ぐというものです。

ここには、二つの生き方があります。

「自由があり、自分で決断し、自分の価値観で生きていくという生き方」

「他の人の価値観で生きて、自由から逃走するという生き方」

普通に考えれば、自分で判断したほうがいいとなるのですが……。

自分の感性だけで決めない

でも哲学者のデカルトは『方法序説』の中で面白いことを言っています。

「判断に迷ったときには、まともな頭の人たちの判断に従っておくといい」

自分で判断がつかないときには、ちゃんとした人たちが言っていることに沿うのがいい。自分の判断ではなく、良識ある人の多数決みたいなものです。

つまり、自分が絶対にこれを押し通すという意志があればいいですが、そうでない場合には、無難な道を選ぶほうがいい。

迷ったときには親の言うことや、多くの人が言うことに従いなさい、というのです。

親が絶対にやめとけと言った結婚が、結局ダメで離婚したとか。

大学に行けと言われたのに行かず、後悔するとか。

そういう話も、自分で判断がつかないときには、経験値の高い人のすすめに従うことが必要です。

その練習は、**我を通さないで、良識ある人たちの意見を仰ぐ**こと。

つまり、自分の感性だけで生きないようにする——。

これも一種の鈍感力だと思います。

「皆が言っている」は、皆じゃない

モノを買う際には、ネットなどで購入者のレビューを精査します。

レビューの中でもどの人に良識があって、どの人の言うことを聞けばいいのかを読み取ることが大切です。

自分の感性が届かない領域に関しては、良識ある詳しい人の意見を聞く。

そういう素直さ、判断力というものが必要となります。

自分の感性だけで生きるのではなくて、良識ある経験値の高い人の話を総合して考える。人の話に対して聞く耳を持つという姿勢も大切でしょう。

ただ注意したいのは、皆そう言っているよ、という皆は皆じゃない。

太宰治は『人間失格』で、**「世間というのは君じゃないか」**と書きました。

実はそう言っているのは個人なのです。

皆と言っている皆は、存在していない。たとえば3、４人の声があれば皆といえる、普通はそう思います。

普段、話をしているときの皆というのは、それほどの人間の数ではないのです。

そこをいかに見極めていくかが肝心です。

大勢の意見、常識的な意見がどこにあるのかというラインの見極めが、実は鈍感になっていくためには必要なのです。

攻撃はまともに受けず、しなやかにかわす

相手からの攻撃をまともに受けずにかわす、ことも重要です。

攻撃してくる人は、反撃してもまた攻撃をしてくることが多い。こちらの言い分をエネルギーにして、またキレてくることもあります。

ものすごいクレーマーのお客さんに対し、理由を説明したとします。

「これこれこうですから……」

「それが何だったたっていうの！」

言葉尻を捉えて、よりひどくなることもあります。業務のマニュアルにしたがって冷静に処置することが大切です。

まともに受けてはダメです。
しなやかにかわしていく「技」を磨く必要があります。

合気道のイメージでかわす

イメージでいえば空手というよりは合気道でしょうか。

私自身、空手もやっていて、ぶつかり合う感じです。

しかし合気道は、**まともにはぶつかり合わない**。

ちょっと角度を変える。相手の手首など、弱いところをひねる。手首を軽くひねられるだけでも、人は耐えられないので、体全体がひねられてしまう。

添いつつずらすということです。

相手の動きに添っていって、どこかで角度をずらす。すると技が決まります。合気道をやる必要はありませんが、あくまでイメージで捉えてください、合気道の動きをYouTubeで見るとか、合気道の本を読むといいかもしれません。

合気道の創始者・植芝盛平の本は話のスケールが大きすぎて伝わりづらいかもしれませんが、塩田剛三さんという合気道の達人の動画を見ると、小柄ですが、身体の動きにキレがあり、しなやかに相手の動きをかわす所作を感じ取ることができます。

格闘技の経験はなくとも、かわして対応する大切さを覚えておいてください。

ボクサーの見事なかわし方

日本が生んだ天才プロボクサー・井上尚弥選手の試合を見ていただくのもいいかなと思います。彼は相手からの攻撃をまともには受けません。かわしつつパンチを放つという技術を持っています。

左ボディーへのショートフックは、相手をかわしつつの攻撃なので相手には見えません。**しなやかにかわしつつ攻撃する**井上選手の華麗な動きをぜひご覧ください。

ボクサーでは、ワシル・ロマチェンコ選手も、相手はパンチを全然当てられません。以前ならフロイド・メイウェザー選手がいました。無敗で引退したチャンピオンですが、彼にはほとんど当てられない、見事なかわし方、フットワークの妙、それを味わわせてくれる選手でした。

合気道に加えて、攻撃をかわす見事さを井上選手、ロマチェンコ選手、メイウェザー選手で見ていただくとイメージが湧くでしょう。

これは私の個人的な趣味からの鈍感力アドバイスです。

どうでもいいことは受け流す

人の欠点を探さない、自分の欠点も探さない

人の欠点を探さないことも大事です。マイナス面を見るとキリがありません。**マイナス面を見ないよう、見ないように訓練する**ことも大切です。

私は人の欠点を探しても盛り上がらないので、いい面に注目して付き合うことにしています。毎年、何百人もの大学生を相手に、何十年も授業をしていますので、欠点を見ていくと暗い気持ちになるからです。

「いいところあるね」と会話を交わしていたほうが、お互いに気持ちよく付き合える。忠告などは、いい関係が築けた後に言うことにしています。

「遅刻はしないでね」「できれば、10分前に来たほうがいいよ」と言うと、素直に受け入れてもらえます。

欠点を探すという習慣自体をやめていく。

人の欠点などはどっちでもいいという考えに立つことです。

いいところを見て付き合う

ドストエフスキーの『カラマーゾフの兄弟』の中にフョードルという父親がいます。好色な男で、自分にとって、醜い女は存在しない、「女性というだけでよかった」というようなことを言っています。

「俺にとっちゃ、醜女なんて存在しなかったね。女であるというそのことだけで、すでに全体の半分はそなわっているんだから」

『カラマーゾフの兄弟』（新潮文庫）

下品そのものですが、自分には醜い女は存在しなかったという言葉は、女性蔑視のような、そうでないような、よくわからない微妙な表現です。

簡単にいうとストライクゾーンが広いということでしょうか。

フョードルにとっては、女性であることが最重要なのです。

たとえば２次元のアニメや漫画の中の登場人物を好きになりすぎてしまうと、現実の女性は、全部欠点だらけに見えてしまいます。

男性でも、中島健人さんや、佐藤健さんとルックスを比べられたら、現実の男はすべてマイナス、欠点しかないように見えます。そうなるとろくなことになりません。

「欠点については、とくに考えない」

「いいところを探すという教師的な視点を持つ」

人の欠点を指摘するより、いいところを見つける関係性のほうが心地いいですし、基本的には欠点というのは直らないことが多い。

他人だけでなく、自分の欠点についても同じです。**わざわざ自分の欠点を見つけて、自己嫌悪に陥ることもない。**

俳優の中村倫也さんは、自分の声が好きではなかったと言います。自分の理想とは違う。しかし、しょうがないと受け入れ、技術を磨いた。人との比較もしてきたけれど、あるタイミングでやめた。ポイントは「あきらめる」こと。

「どれだけ人と比べて足りなくても死にゃしないんで。だったら僕は僕のままでいいかなって」という言葉はスンナリ入ってきます。

欠点には鈍感になって、できることを着実にやっていくほうが人生は楽しくなります。

何にも期待しなければ、相手にがっかりしない

相手に期待しないという考えも重要です。

相手に一切期待しないことを学ぶことで、格段に鈍感力が身につきます。

漫画家の高野文子さんに『るきさん』（ちくま文庫）という作品があります。

『るきさん』はシンプルな漫画で、30代の独身女性が体操したり、のんきに散歩する日常が描かれていて、何か楽しそうです。

るきさんがいつも楽しそう、幸せそうに見えるのは、

「とくに誰かに期待せず、気ままに生きているから」と、私は解釈しています。

高野さんはこのシンプルで深遠な原理を、軽妙洒脱に描く非常にセンスのある天才的な漫画家さんです。

「そうか、何も期待しなければ、心はざわめかないんだ」

「期待しすぎるからいろいろなことが気になっちゃう」

期待しないことを身につけるだけで、これほど見事に鈍感になれて心が安定するとは驚きです。

過度な期待は、恨みに変わる

何かをいろいろ探り合うことは、相手に期待しているから。

相手がこうなんじゃないか、ああなんじゃないかと推測するのは、相手に期待しているからです。

期待することは心情としてわかりますが、期待しないようにするとこの世の中はなんてラクなんだ、と感じるはずです。

「自分を好きになってと期待しない」

「相手が好きになってくれるとは限らない」

そういう前提のフラットな関係性が心地いいのです。

自分の生徒や子どもにも過度の期待をしなければ、ちょっとできただけでも「おおー、すごいな」と素直に思えるし、反応もできる。

もちろん期待が人を育てるという面もあり、部下に対して期待をするのも一つの教育の方針としてはあります。


しかし、**「期待しない練習」をしておけば、がっかりすることもなくなる。**

冷たい感じで、何も興味がないのかというと、そうでもない。むしろがっかりしない安心感があるので人間関係を広げることができます。

この人には最初から期待していない。そうしておけば、

「男なんて嫌いだ」

「だから女なんて信用できない」

とはならない。


だいたい、**人に恨みを持つ人は、期待が大きすぎる**のです。

期待が大きいと、がっかり度が恨みに変わってしまいます。

そもそも期待していなければ、そんな恨みを持つようなことは起きないでしょう。

いちいち真面目に聞かなくていい

行間を読むこと、本心、本音を探ることも同じです。探り合うことにあまり意味はないし、探りすぎないことです。

真面目半分、鈍感半分で、意見は聞くけれど、ときには聞き流していいこともあります。

何か事をなす人間は、**馬耳東風がごとく聞き流す、ときには虚心坦懐に聞く**ことができる人です。

この区分けが大事で、流して聞いているときにも「なるほど」とうなずくことは、社会的マナーともいえます。

他人との無用な軋轢《あつれき》を避けるために、実はそれほど真剣に聞いていないけど、きちんと聞いているふりをするというのも賢い行動です。

私には若いころ、苦い経験があります。

大学の授業で明らかに聞いていないとわかるようなあくびをしてしまった。

「私の授業がそんなにつまらないのですか？」

「いいえ、つまらなかったのではなくて、ちょっと眠かっただけ……」

そう答えましたが、もちろん通用しなかった。

マナーがなっていない私が悪かったのです。


聞いてもしょうがない人のアドバイスの場合は、「なるほどねー」と流す。


「なんでキャバ嬢なんかやっているの？　やめたほうがいいよ」と説教するキャバクラの客みたいなものです。

「確かに、そうですよねー」とキャバ嬢は皆、聞き流しています。

ある意味で、鈍感力を発揮しているといえます。

いちいち真面目に聞かない、それも賢い鈍感力なのです。

エゴサーチはしない！

心穏やかに過ごすために、また生産性を高めていくためには、仕事や研究ではもちろん、日常生活などにおいて**陰口や悪口、批判を耳にしたときに、気にしない鈍感力**を養うことが大切です。

しかしいくら鈍感力があるといっても、ひとたび気になってしまうと、**自分の活動を妨げるブレーキ**になってしまいます。

ここでは、ブレーキになるようなものをどう解消していくかを考えましょう。

まず、私自身のことをいうと、鈍感力に優れていると思っていますが、いろいろなことをまったく気にしないわけではありません。

このため、たとえばエゴサーチはしないように心がけています。

エゴサーチをすると10に1つ、20に1つはネガティブなコメントが書き込まれていたりするものです。たとえ1つでもネガティブな書き込みがあると、それが気になって仕方なくなることがあります。

そこでエゴサーチに関しては、しないということを徹底してみる。

少なくとも**自分に関するマイナスなネット情報は入ってきにくくなる。**これでディフェンスができるようになります。

自分には鈍感力があるから大丈夫と思っていても、エゴサーチして理不尽な書き込みやいわれのない批判を見たら、いい気はしないもの。

わざわざ**不快な思いをしないためには、しっかりとディフェンスする**ことが必要なのです。

雑音はシャットアウトするということが重要です。

ただしエゴサーチをしないことは、批判に耳を貸さないことではありません。

気になるからといって、わざわざこちらから自分への批判を探して答えることはしないということです。

—第6章—

鈍感になる練習④

自分がやらなくても、「他力本願」でうまくいく

一人でやっていけると思う人ほど、迷惑をかける

「自力本願」「他力本願」という言葉があります。いずれも仏教に由来しますが、とくに最近では**「他力本願」**が注目されています。

「他力本願」というと、思い出す句があります。

ともかくも あなたまかせの 年の暮れ

『おらが春』

小林一茶の『おらが春』という句文集にある句です。「あなた」は、阿弥陀様を意味します。阿弥陀様にすべてを任せる年の暮れということです。一茶はわが娘を天然痘で亡くして絶望していました。

そしてお金もない。年の暮れはお金がないと何かと困る時期です。

でも「ともかくも」と言うわけです。何があっても阿弥陀様に身を任せて、この年を越してゆく。何とか生きていく、というメッセージがここにはあります。

自力だけで生きていこうとする人は、ちょっと疲れます。

かつて『ぴあ』という映画情報誌のページの両脇に、「はみだしＹＯＵとＰＩＡ（はみだしゆーとぴあ）」という読者投稿欄がありました。

ラジオの投稿のハガキ職人が書くような欄で、40年近く前の文章ですが、今でも覚えているものがあります。

「自分一人でやっていけると思う人ほど人に迷惑をかけやすい」

「なるほどな」と思いました。

自力でやっていけると思う人ほど迷惑をかける。心当たりもあって、自力でやってみせる、自分一人でやってみせるという人ほど厄介です。

「ヘルプ！」は早めに求める

世の中でも、自分でできると思っている人ほど人に相談しない傾向があるので、初めは小さなトラブルでも、知らぬ間に大きくなってしまうことがある。

「なぜもっと早く『ヘルプ！』と言ってくれなかったの？」

「早く『助けて』と言ってくれれば、もっとやれることがあったのに……」

そういうことはよくあります。

軽々しくは言えませんが、自殺を考えている方なども「自分一人の力で」と思う傾向があります。しかし、**背負ったものや、悲しみ、苦しみが大きすぎる場合には、どうにもなりません。**

敏感で繊細すぎる人は、自分の敏感さがどんどん研ぎ澄まされて、止まらなくなってしまうからです。

そこで話せるグループやシェアできるような環境、「他力」に頼んで、話を聞いてもらえばラクになることができるのです。

自分がやらなくても、きっと誰かがやってくれる

「この仕事は自分にしかできない」

「自分がやらなくてはダメなんだ」

そう考える人がいますが、**実はほとんどの仕事には代わりがいます。**

テレビの個性的なＭＣの人でも、芸能界を引退すれば、他の人が翌週にはカバーしています。

この世の中は自分がやらなくても誰かがやってくれる。

誰か他の人が代わりにやってくれる。

ちょっとがっかりな気もしますが、考え方を変えると、**仕事を背負い切らずにすむ**というよさがあります。

自分がやらなければと背負い込み、労働量が過剰になる。それでも自分の責任だか

らと頑張りすぎて、最後には判断力を失って自殺してしまう人もいます。

仕事を抱えすぎて、寝不足になって判断能力が失われてしまった結果、自殺に至ったケースには労災認定されることもあります。

美輪明宏さんから「とにかく寝なきゃダメよ、寝ていれば大丈夫だから」と言われたことがあります。実際、私が体調を崩したときの原因は寝不足が多かったのです。**眠れていない人のほとんどは、仕事の抱えすぎか、考えすぎが多い**ようです。考えても、考えても生産性が高まらないようなら、堂々巡りに陥ってしまいます。

それ以上考えてもしようがなければ、「他力」や阿弥陀様にお任せするというスタンスでいいのです。

「他力本願」と「努力しない」は違う

阿弥陀はもともとアミータといい、アは否定。ミータはメーター、量るという意味です。つまり**「量ることをしない」「量れない」**という意味になります。

漢字の音の当て字が、アミータ＝阿弥陀。漢字の意味を充てると、「無量」となります。仏典に『無量寿経』があるのは、これに由来します。

量ることができない――。この世のことは人間に量ることはできない、そう考えると、コロナ禍のことも捉えやすくなります。

たとえば、多くの占い師がいても、２０２０年に新型コロナが世界で大流行すると明確に予見した人はいません。つまり、誰も世界がこうなるとはわからなかったわけです。**「自力」が及ばないことは、この世の中にたくさんあるのです。**

すなわち、私たちは「他力本願」の世界に生きているのです。

だからといって、努力しなくていいかというと、そうではありません。

コロナのせいでとばかり嘆かずに、今、自分ができることをする。

「人事を尽くして天命を待つ」というスタンスや考え方が正しいようです。

「張り合う」のではなく「譲り合う」

プライドを適度に保ちつつ、人に頼ること、自分ができないことに関しては、

「下手なんです」

「できません」

と、ちゃんと相手に伝えることが大切です。

すべての面でプライドを発揮し、アピールすると疲れてしまいます。

そこで一点豪華主義みたいに、ここだけはプライドを持って仕事をし、他の面では譲るというのがいいでしょう。


プライドが高い人は、いろいろな面で張り合おうとする傾向があります。これは結構、エネルギーを消費し、疲れます。

少しぐらいはプライドを持ってもいいと思いますが、それ以外のところでは、どんどん譲っていく。

「これはあなたのほうがうまいよね」

「ここはあなたに譲る」

譲ることで相手とのよりよい関係ができやすいということもあります。

親子でも父親の自分がやってもいいのだけれども、あえてそうしない。

「これちょっと、お父さんは苦手だからやってくれないかな」

そう言って任せてみると、子どもは一生懸命やるものです。

小さな迷惑はお互い様でいい

「他力本願」の考え方で少し鈍感になって、自分ができることも、ときには他の人にやってもらうことが大事です。

すごくできるお母さんだと、子どもは全然料理ができないというケースがあります。お母さんが、全部やってしまうからです。

逆にお母さんが料理が苦手なので、手伝わざるを得なくて、子どもが料理上手になるケースもあります。

ここのところはシェアしていく。**1人でできることでも、仕事を分け合って、2人でやるようにする**と、チームとして機能していきます。

前にも述べましたが、迷惑をかけたくないから一人でやるという人ほど、他人に大きな迷惑をかけるものです。

小さな迷惑はある程度仕方ない。お互い様でいいのです。

小さな迷惑の時点でお互い助け合って、仕事をシェアしていくことが大切なのです。

他人事は、自分の力ではどうにもならないと諦める

自分のことでなければ、あまり無理に首を突っ込まない。それが賢明な判断です。孔子はこう言っています。

其《そ》の位に在らざれば、其の政《まつりごと》を謀《はか》らず。

『論語』泰伯第八・十四

（口語訳）

自分の地位に関係なければ政には口を差しはさまず、あまり関わるな

自分がその地位になければ、その地位の人がやるべきことに対しては、関わらないほうがいい、ということです。

部長が決めることなら、部長が決める。

監督が行うスターティングメンバー発表に対して、周りの人間が「それは違います」とは言えません。

自分の地位、自分の守備範囲がどこまでかわかると、ストレスも減ってきます。自分の裁量で決められることではない、とわかればいいのです。

天気にたとえればラクになる

人が決め、自分が決めることではない。

火の粉は降りかかるけども、所詮は他人事《ひとごと》。雨に降られたみたいなもの。

雨は天が降らすのですから、他人も天に近いもの、天気みたいなものです。

男女の関係でいえば、相手に好きな人ができるかどうかはわからない。

すごくカッコイイ男の人が現れて、そっちがいいと思うのは、どうしようもできません。天気が変わったに等しいことです。

急に嫌われて、あなたのここがイヤになったと言われても仕方ない。

「女心と秋の空」「男心と秋の空」

どっちにしろ、気が変わりやすいということです。

こうして天気にたとえると、わりと気楽になれるような気もします。

自力が及ばないことは天の仕業

「天の配剤」

「人事を尽くして天命を待つ」

という言葉があります。

人のやれることと天に任せる部分は違う。そう考えれば自分の意志で、アンダーコントロール（制御下）にできるのが人事で、アウトオブコントロール（制御外）にあるのが天の仕事と考えられます。


私の教え子には中学・高校の教師が多く、夜、飲んでいても生徒の親から電話がかかってくるそうです。

「部活でうちの子がなぜレギュラーじゃないのですか？」

レギュラーの決定は、部活の顧問である先生や監督に任されていること。

野球の場合、実力は上でもこのポジション、この打順にはこの子がいいとなれば、別の生徒が選ばれる。上から９人の実力だけで決まるわけではありません。

そういう意味では、「他力本願」は人として成熟していくためには必要な考え方です。

「どこかで助けを求める」

「自分の力ではどうにもならないから諦める」

諦められる、他力に頼む――というのは結構、大人の作業といえます。

心理学者のジークムント・フロイトは「諦念」、諦めるということを「成熟」の証しとして捉えました。

つまり、**諦めることができると、この人生はずいぶんとラクになる**のです。

一方で執着があるとどこまでもとらわれる。ストーカー気味の執着心を持ってしまうと、怖がられます。

今、とらわれていることを失くして、自由になって解放されれば、あなたの人生はうまくいくということです。

何でもディフェンスしないで、上手に甘えてみる

出世している人は、他の人が手を差し伸べやすい人です。

なぜかというと、**可愛げがある**からです。

可愛げのない人は、ちょっと手伝ってあげようかと言っても、

「いや、結構です」

「大丈夫です」

と答えながら、結局、大丈夫でなかったりする。これは決定的に可愛げがない。

一方、甘えることができる人がいます。

「ちょっと、飲みに連れていってくださいよー」

「今日はどうもご馳走さまでした」

そんなふうに上手に甘えられると、可愛げがあって好かれる。

それは、上司からすれば、距離感をつかみやすいからです。接触するタイミングもとりやすい。

「そう言うのなら、自分を嫌っていないんだな」とわかります。

「どうもご馳走さまでした」と言われていい心地になる。上司はおごるのがイヤではなく、若い人に「嫌われたらイヤだな」と考えているのです。

だから若手が上手に甘えてくると「やりやすい」ということになる。

「なあ、お前」と言える距離感

芸人さんではコンビで飲みに行く人は少なくて、後輩の芸人さんを連れておごるという習慣がほとんどだそうです。

「アルコ&ピース」の平子祐希さんは、ご自身の性格なのか、これまでおごるような後輩ができなかった。

それが「宮下草薙」の草薙航基君という、飲みに連れていける後輩が初めてできた。

自分は嫌われていない、慕われていることがうれしくてしょうがない。

だからサービスしちゃうというか、一生懸命しゃべって、またおごる。草薙君は甘え上手なのです。

上手に後輩が先輩に甘えられるという組み合わせをつくる。

これも一種の「他力本願」といえます。最近、これが苦手な人がいて、先輩と関わると面倒くさいから相談しないケースが増えているようです。

一緒に飲みに行く。今はもうそういう時代じゃないと言う人もいますが、1、2回でも飲みに行った間柄は、仕事がしやすい関係になることがあります。

気持ちが打ち解けているので「なあ、お前」と言える距離感になる。

何でもディフェンスしすぎると、「頼られていない」ことになり、せっかくの「人に頼らずに何とかやっていく」という自立心が、悪いほうに出てしまう。

相性のいい先輩・後輩を見つけて、その人を可愛がる、可愛がってもらう練習をしてみましょう。

それができると、職場での居場所を見つけやすくなります。

甘えることができる人になる

怖がっていないで、どんどん他人に身を任せる

敏感さや繊細さをちょっと緩めるためには、人と話したり、人に身を預ける練習も必要です。

実際に身体を人に預けるという練習があります。

竹内敏晴さんという「からだとことば」のレッスンをされていた演出家の方に教えていただいたことがあります。

たとえば身体をまっすぐにして真後ろに倒れる。そのままだと後頭部を打って大ケガをしてしまいますが、誰かが支えてあげるのです。

すると、**安心して倒れられる人**と、それでも**怖くて倒れられない人**がいます。

「後ろで支えるから大丈夫だよ」と言っても怖い。それは**恐怖心ですが、敏感すぎる**ともいえます。

「人に身を預ける、簡単なレッスンだよ」

「ここでは仲間が助けてくれるから、倒れていいよ」

そう言われても、まだ倒れられない人がいる。

後頭部を打つのではないか、恐怖心が勝ってしまうのです。

身を預けられない人の中には、マッサージやストレッチで身体を触られるのもダメという人がいます。**ここまで潔癖となると、他の人も手を差し伸べにくくなります。**

「敏感」ではなく「理性」が足りない

もし火事になって2階や3階から飛び降りる事態になり、消防隊員が下にマットを敷いてあるから大丈夫だと言っても、そういう人は飛び降りられません。

これは恐怖に敏感なのではなく、理性が足りないのです。

理性で考える――。信じて身体を預けたほうが助かると判断したら、そこで踏ん切りをつけられるはずです。

つまり、人に身を預けることは気質の問題ではなくて、考え方の問題。**理性的に考えれば、ここは「他力」に任せたほうがいい。**その状況では、ちゃんとヘルプを求めるのが正解なのです。

この助けを求められるかどうかは、成熟の段階にも関わってきます。

赤ちゃんや幼児は「助けて、助けて」と泣きます。

そのあとに自立する成長のプロセスがあり、中学生のころから**「人に助けを求めるのはカッコ悪い」**と思うようになります。

学校でいじめられた話を小学生は親に話しますが、中学生以降は親に相談しなくなる傾向があります。これは親に相談することは、親に心配をかけると思うからです。

すなわち、自分を自立した存在として見せたいがために、「ヘルプ！」と言いにくくなり、「他力」に身を任せにくくなるのです。

悪いんだけど、ちょっと手伝って！

新入社員の勘違いにもこの傾向があります。

自分で何とかすると言っているうちに、仕事先との行き違いが拡大してしまうというケースです。

若い社員が頑張って仕事をしている。だけど、**「あれもやります、これもやります」**と言って抱え込んでしまう。

そうしたら、その若い社員が突然、会社を辞めてしまった……。

突然辞めたので、上司があちらこちらに謝るという事態になります。実話です。

このままだとバースト（破裂）する、バーンアウト（燃え尽き）してしまう、その前に荷を軽くしてほしいという相談をすべきです。でもそれができない。

自分のキャパシティ（能力）を器にたとえて、１００％で水がこぼれるとして、今、80％か、90％なのかをわからず、気づかぬままあふれてしまうのです。

自分のことを真面目だと思っている人は、そういう危険があります。

ちょっといい加減な人は、いい感じで手を抜ける。

「悪いんだけど、今、いっぱいいっぱいだからちょっと手伝ってくれない？　助け合いの精神で」とか言って。

そんなふうに他人の手を借りる、日常的に「他力本願」を練習してもいいでしょう。

自分が決めたことじゃない、失敗したっていい

日本の哲学者・西田幾多郎の「我が子の死」（青空文庫）というエッセイがあります。

（前略）いかなる人も我子の死という如きことに対しては、種々の迷を起さぬものはなかろう。あれをしたらばよかった、これをしたらよかったなど、思うて返らぬ事ながら徒《いたず》らなる後悔の念に心を悩ますのである。しかし何事も運命と諦めるより外はない。運命は外から働くばかりでなく内からも働く。我々の過失の背後には、不可思議の力が支配しているようである、後悔の念の起るのは自己の力を信じ過ぎるからである。我々はかかる場合において、深く己の無力なるを知り、己を棄てて絶大の力に帰依《きえ》する時、後悔の念は転じて懺悔《ざんげ》の念となり、心は重荷を卸《おろ》した如く、自ら救い、また死者に詫びることができる。（後略）

娘が幼くして亡くなってしまった。それについてああすればよかった、もっとこうすればよかったという悲しみが続いていたが、「他力本願」という言葉に出会えた。その後悔は、思い上がり、自力を頼みすぎているのではないか。他力を考えると、もっと自分にできることがあったというのは思い上がりだとわかった。そういう趣旨の文章です。

わが子を失う悲しみというのは、限りなくつらいこと。

そこで他力本願の思想が大哲学者・西田幾多郎の気持ちを和らげたというのは、大きなヒントになります。

ああすればよかった、こうすればよかったと思うから余計につらくなる。

死者に対して一見正しい考えに思えるけど、一定の期間が過ぎたら、一つの運命だったと受け入れていくのも、残された家族が前に進むためには必要です。

運を天に任せてリラックス

この会社に就職したから今があるとか、そうでなかったら、今頃はどうなっていたかとか、**人生はいろいろな運命や偶然に支配**されています。

こんなとき、「他力本願」の考え方を身につけるとかなりラクになります。

浄土宗、浄土真宗のこの教えが広まったのは、庶民にとてもわかりやすいものだったからです。

シンプルにいうと「南無阿弥陀仏」と念仏を唱えれば、気持ちがラクになり、極楽浄土に行ける、信じて任せる――。

これが他力です。

他力本願は、諦めの宗教のように思えますが、実はリラックス宗教でもあります。

そこで力が発揮できることもあります。運を天に任せてリラックスして取り組むと、**肩の力が抜ける**ということです。**力みが取れる。**

自力を発揮しやすい面もあるのです。

これは逆転の発想として捉えると、たとえばサッカーでＰＫのキッカーに選ばれたとします。

そこで決めなきゃと緊張するよりは、自分をキッカーに選んだのが問題なのだ、失敗したって自分のせいじゃない。そのくらい開き直ったほうが、かえってうまくいくというケースもあるのです。

「(自分に) オファーした人が悪い」という考えは、無責任なようですが、鈍感力的なフレーズではあります。

だまされても信じて後悔しない

「信じる」ということについて、親鸞は、師匠の法然上人にだまされて地獄に行ったとしても後悔はないと言っています。

この親鸞の思い切りのよさは、精神にいいという気がしてきます。

精神が敏感で繊細な人は、親鸞の教えに触れると、「これは徹底している」ということがわかると思います。

普通、だまされて地獄に落ちたら、なぜそんなウソを教えたのかと恨みます。

しかし親鸞はそうはしない。これも一種の「他力」なのです。

自分が決めたわけではなくて、法然上人を信じてそうしている。

そんな「他力」の親鸞の教えは、こうして広まっていったのです。

なんで、お前はいつもそこにいる？

自分のことと他人事を考えるとき、世の中で起きているほとんどは他人事です。自分の知り合いがものすごい大金持ちになった。それは他人事。その人がどんなに幸福になり、有名になったとしても、やっぱり他人事なのです。ほとんどが自分のことではないのに、**他人事で自分の心が波立ってどうする、**そういうことです。

全部、自分のことだと思うから疲れる。世の中のことに当事者意識を持つのはいいですが、どこかでそうした意識を緩めることも必要です。

むしろ**他人の力をうまく利用し、双方でＷＩＮ‐ＷＩＮになる**のが賢い方法です。

チームスポーツでは美味しいところを持っていく人がいます。

「なんでお前はいつもそこにいる？」「なぜ一番美味しいところを持っていく？」というように、とくにサッカーではそこにいるのが才能という選手が存在します。

どんかんコラム❹

その昔、イタリアのＦＷフィリッポ・インザーギは、いつも「なぜお前がそこにいる？」という選手でした。他の人が御膳立てをしてくれて、最後に確実にシュートを決め、美味しいところを持っていく。これはある意味「他力本願」です。

ＮＢＡプロバスケットボールのマイケル・ジョーダン選手は昔から得点能力が高く、圧倒的でしたが、それでも彼のシカゴ・ブルズは優勝できないことがありました。そこでフィル・ジャクソンヘッドコーチが、トライアングル・オフェンスという戦略を採り入れ、ジョーダンを中心に、三角形で攻め始めました。するとジョーダン自身の得点は減ったけれども、全体としては増えたのです。

ジョーダンは1人でも得点できるが、３人で攻撃するシステムを採ることで、むしろ全体の得点が増え、チームがレベルアップ。**ボールを人に預け、人を活かす**ことを覚えたジョーダンもまた、選手としてレベルがアップしたわけです。

チームスポーツというのは皆、「他力本願」といえます。それでＷＩＮ-ＷＩＮをめざしたいものです。

―第7章―

鈍感になる練習⑤

成功か失敗か、損か得かでクヨクヨしない

「成功、失敗」ではなく、人それぞれ違っていい

私は森の動物たちの『ワイルドライフ』のような番組をよく見ます。

「強い」「弱い」に関係なく、自分に必要なものは必ず狩って生きていくのです。

先日、ハイエナがライオンの雄と対決して、子どもを守ったという映像を『ワイルドライフ』で見ました。

親ハイエナがライオンの気を引きながら子どもを助けるというものでした。

ハイエナというのは誰かの残り物を食べるといわれていますが、ハイエナはこうして生き残っている。ときにはライオンにも立ち向かい、生きている。

こうした世界で生き残る動物や昆虫の番組を見ることもいいと思います。**こんなにも厳しい世界に生きているのか**という気になる。

南極のペンギンは、過酷な寒さの中、雄は身を寄せ、温め合ったりしている。そういう番組を録画して、深夜に適当に流しています。

すると動物のシンプルな生き方がわかります。

自分に必要なものを狩って生きていく中で、戦いもある。死に絶える動物もいれば、何とか種として生き残っている動物もいる。

その営みを見ると、学ぶものがあります。


自分は本当に必要なものを求めているのか？

「必要なものリストをチェックする」ではないですが、いざ作ってみると必要なものは結構あるものです。

だから**自分の人生を「成功か、失敗か」の二択で査定する**のはやめたほうがいい。

だいたい他人の人生に対して、「これは失敗した人生だ」と言うことはできません。

まして自分の人生を「成功だ、失敗だ」とは言いようがない。

スポーツ選手の戦力外通告

スポーツの世界も厳しく、ケガでダメになるとか、選手としての評価が下がり、戦力外通告を受けることがあります。

年末にプロ野球選手の戦力外通告の番組をＴＢＳ系でやっています。

あの番組を私は興味を持ってずっと見続けています。

ドラフト1位とか2位で入った選手が戦力外通告を受けるわけです。**彼らはドラフトの時点で天才です。**その天才がプロでは通用しなかった——。

私たち昭和生まれの男子は、皆、プロ野球選手になりたかったわけで、彼らにはリスペクトしかない。ドラフト1位の選手はすごい選手たちばかりです。

そんな彼らでも**通用しない世界がある。**奥さんや子どもがいるにもかかわらず無職になる。

その現実を追いかける過酷な番組ですが、年末に見るとしっかり生きなければと思うわけです。

皆、何かを背負って生きている

厳しいスポーツの世界。

実はＪリーガーも引退する平均年齢が20代半ばと若い。

プロを諦めるという選択が、天才たちに突き付けられる。
それを考えると、「成功とか、失敗とか」、軽々しく言えるものではないと感じます。
才能ある人がドラフトにかかり、入団しても、プロでは通用しないこともあるのです。

才能ある人が皆、いい思いをしているわけではない。

結構、皆、痛みを抱えているのです。
芸術家なども才能ゆえに苦しむことがあります。

多くのことができてしまうために、背負うものも大きくなる。

結局のところ、何が成功で、何が失敗かは、誰にもわかりません。人それぞれ、背負うものは違います。
大切なのは、自分にとって何が必要かを見極めて、求めることです。

失敗は前進、いくらでも復元することができる

「失敗を失敗と思わない」

発明王・エジソンの考え方は鈍感力につながると思います。

「失敗とは単なる失敗ではなく、これがダメだとわかった」ということです。エジソンの電球で使われるフィラメントの素材の実験の話は有名です。

「いろいろなものを試したが、失敗してダメだった」

しかしそれは、この素材がダメだとわかったということ。科学の世界では当たり前のことなのです。

ダメだとわかることは、前進です。

いろいろなものを試して、ダメなのはこれだとわかる――。

そう考えると、失敗というものが存在しなくなります。

失敗は授業料という考え方もあります。今回の授業料は高かったなとか。たとえば、甘い話に引っかかったときには「高い授業料を払ったと思って、これからはだまされないように」、そう自分を納得させます。

つまり失敗は、失敗そのものから学べば、失敗ではなくなるということです。

孔子も言っています

過ちて改めざる、是《こ》れを過ちと謂《い》う。

『論語』衛霊公第十五・三十

ミスを犯したのは仕方ない。ミスをしたことを教訓にせず、以降も改めないことが過ちなのです。

また、**「過ちては則ち改むるに憚《はばか》ること勿《なか》れ」**とも言っています。直すのにはばかってはいけない、躊躇《ちゅうちょ》なく、すぐに直しなさいとも。

つまり、修正できれば、それは「学びの機会」に変わるのです。

浪人は失敗といえるのか？

受験に失敗して、浪人して大学に入ってくる学生がいます。私もそうでした。浪人生活の1年間は、本気で勉強するので充実した時間でよかったと思う人が多いのです。

初めの大学入試には失敗したけれど、その期間に自分と向き合って、サボっていた自分が、背水の陣で浪人してでも行きたい大学を求める。志望の大学に入れたからこそ、勉強を頑張るという学生もいます。

昨今、浪人生は減っていますが、団塊ジュニアの世代は、浪人生が多く、受験は大変でした。浪人生があふれていた時代、**浪人したおかげでメンタルが鍛えられた**と、当時を懐かしがる人も少なくありません。

失敗→復元を繰り返していく

成功、失敗というのは、それをどう捉えるかです。

一般的には失敗だと思われても、そこから学ぶことも多いとか、メンタルが鍛えられたと自分が思えば、それはよい1年であったということです。

「失恋したのもいい経験」

「○○したのもいい経験」

そのための授業料だったと思えばいい。

なまじ成功一途な人間だと、失敗を恐れるあまり敏感になって、一度失敗しただけで、人生が終わったかのようにダメージを受ける人もいます。

敏感すぎるゆえの弊害です。

失敗に失敗を重ねて、そこから立ち上がる人の復元力、レジリエンスともいいますが、この精神の復元力のほうが、最近では鋭すぎる感受性よりも見直されています。

鋭すぎる感受性を抑えて、失敗に慣れていく。失敗慣れすることとは、**負け慣れ、負け癖とは違って、失敗して復元していく**ことです。

負け慣れ、負け癖は負け続けて気力を失うケースです。これだと復元は望めないし、どんどん落ち込んでいくばかりです。

そうではなく、失敗をはね返していくことが、失敗慣れがもたらす復元力なのです。

どんな成功者も、知らないところで失敗している

ある大統領について、アメリカンフットボールのコーチが手紙に書いていました。その歩みをたどると落選に次ぐ落選を経て、最後にアメリカ大統領になるのです。この失敗続きの男はだれか？　それはリンカーンでした。

彼のように不屈の精神で、苦しみの中から立ち上がろうとコーチは選手に呼びかける。そんな感動的なエピソードを、子ども向けの本で紹介したことがあります。

偉大な成功者も、数多くの失敗をしている。これを見ると成功、失敗があまり意味をなさないとわかってきます。

成功者の中にある数々の失敗を、私たちは目にしていないだけかもしれません。

アイドルグループのＡＫＢ48の出初めか、その前だったか、秋元康さんとトークショーで対談をしました。

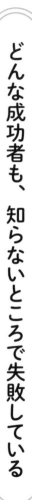

そのときに秋元さんが言いました。

「ヒット曲を連発しているといわれているけれど、皆、売れなかった曲を知らないだけ。売れなかった曲もたくさんある」

売れなかった膨大な曲を皆が知らないだけ、失敗も数多くあるということです。

失敗作も含めて愛おしいと思う

皆さんは、文豪たちの全集を手に取ったことがありますか？

全集というのは面白くて、たとえば太宰治全集、夏目漱石全集、芥川龍之介全集など、今、文庫でも買うことができます。

全集を私もよく読みますが、そこに収められているのは、一般的な名作ばかりではありません。

中には「なんだこれ」というのもあります。その作品を読むと、こんなものも書いていたのだとわかって愛おしい。

いい曲だけでなく変な曲も入っているアルバムを聴くと、そのミュージシャンをむしろ愛おしく思うように、**駄作でもその作家のよさや味が出ている。**皆が知らないような短い文章でもいいものがあると、さらにその作家を愛せるようになります。

文芸評論家の小林秀雄は、「文は人なり」と言い、作家を知るには全集を読むことをすすめていました。

私は小林秀雄のその言葉を信じてよく全集を読みます。

失敗作、中には作品途中で終わっているものもあります。

それも含めて愛するということ。

優劣ではなくて愛情を持ってその人を迎え入れる。出来が悪くても受けとめる。今回はもうひとつだけど、次で取り戻しましょうと見守るのが本当のファンです。

損得勘定で生きるより、そこに魂が入っているかどうか。本当に自分がその仕事を気に入ってやっているか。そういう基準のほうが大切です。

損得勘定のコストパフォーマンスは効率のいい考え方に見えて、実は薄っぺらなこともあります。

自分の人生を成功した人と比べること自体に意味はない。求めているものが何かが大切なのです。

人生いろいろ、失敗いろいろ

結果よりプロセス、お金持ちが価値ある人ではない

性急に結果を求められがちな昨今、結果を重視し、**「勝たなければ意味がない」**というのは、一面の真実です。

しかし**本当に大事なのは、結果よりプロセス**であるという考え方は、私たちの気持ちを少しラクにさせてくれます。

インドのヒンドゥー教の聖典には、そうした教えがあります。

「あなたの職務は行為そのものにある。決してその結果にはない。行為の結果を動機としてはいけない。また無為に執着してはならぬ」

『バガヴァッド・ギーター』（岩波文庫）

プロセスが大事で結果は関係ないということです。

昨今、多くのビジネス書でもプロセスの重要性を謳うようになってきています。

お金は滓みたいなもの

また「成功か、失敗か」についても、そんなに重要ではないと思うことが大切です。
日本資本主義の父・渋沢栄一は、お金は仕事の滓《かす》だと言っています。

「仕事でお金が儲かったかどうかは残り滓みたいなものだ」

「仕事をしたことの滓がお金なんだ、だからそこにこだわってはいけない」

お金をカスだと言い切れる、さすが一万円札になる人は違います。
またこうも言っています
「お金はため込むのではなく、世の中から回ってきたものなのだから、それは世の中のために使う」

だから渋沢栄一は、渋沢財閥をつくらなかったのです。
一方、ライバルの岩崎弥太郎は三菱財閥をつくりました。
ふたりは海運業で対決したこともありました。

岩崎がふたりで独占しようと渋沢に持ちかけたのですが、渋沢は断ったのです。

双方に言い分はありました。そこで渋沢は世の中にお金が回るように考え、資産をため込むことは、残り滓をため込むことと同じだと考えたのです

お金は滓にすぎず、どんな仕事をするかが大事だという渋沢の考えを理解すると、お金持ちへのコンプレックス、お金持ちを目の前にしたときの少し疲れる感じが、消えていく気がします。

お金の価値を考えると、たとえば医療従事者の方は、たとえそんなに高いお金はもらっていなくても、コロナ禍のなか、命の危険を顧みず、治療に当たる**姿勢やその仕事には大きな価値**があります。

一方でどうでもいいような動画や仮想通貨で大儲けをしている人もいる。誰に聞いても医療従事者のほうが尊い仕事をしていると言うでしょう。

そう考えると金銭的な成功を、成功だと思うことから離れられる気がします。

お金は、暮らしていくのに必要なものだけれども、**お金の有る無しは、人の価値とはイコールではない**ことがわかってきます。

勝ち組、負け組ではない、信用を第一に考える

お金を基準にした勝ち負けや優劣を測る価値観から離れましょう。ずいぶんとラクになります。

フェラーリに乗っている人を見ても、とくに乗りたいと思わなければ、何も感じなくなります。

「うるさいな」というくらいのものです。

それをうらやましいと思う気持ちもなくなります。

今の世の中、お金に重きを置きすぎて、そんなになくても困らないのに、ないことに悩みすぎることがあります

「勝者か、敗者か」、「勝ち組か、負け組か」みたいな下品な基準は捨てたほうがいい。

私はこの「勝ち組、負け組」という言葉がひところ流行ったこと自体、日本の精神文化の貧困さを表していると思います。

少し前までは、そういう言葉は使わないのが、知性ある人の常識でした。しかし、世の中全体でもてはやした時期がありました。

勝った集団、負けた集団と分けて捉えることは、人間観として浅薄です。

よくよく周りを見渡してみてください。

誠実に生きている人で、大金持ちになったケースは、そんなに多くはないでしょう。しかし、人を打ち負かす勝負根性や野心を持っていたり、人を人と思わなかったり、冷たいところがある人が大金持ちになるケースは結構、多い。

その意味では**「人間性」とはまったく別モノ**といえます。

限られた人生の中で、**大金持ちをうらやましいと思わない「心の習慣」**をつけることが重要です。

大金持ちになる野心を抱く人はそれでいい。

福沢諭吉も「農たらば大農となれ、商たらば大商となれ」(『学問のすすめ』)と言っています。

野心は悪くはない。悪いのは、人をうらやむ心、怨望《えんぼう》だと諭吉は言います。

損得ではなく信用が大事

損か得かについても、「これが得」「これが損」といちいち判断していく考えがあり、一方で「損して得取れ」という考えもあります。

ある仕事を安い報酬で受けてしっかり仕事をし、評価され、そこで信用されて仕事が増えるケースもある。

最初から**「得しよう、得しよう」**というと、なかなかうまくいかない面もある。

大事なのは信用で、人間関係が仕事をもたらしてくれると考えれば、信用を得ることこそが大事になります。

時間や期限を守ることから始めるのが肝心です。

時間を守らない人と仕事をすると、あとでちょっときつくなることがあるので、時間を守りながら一つひとつ信用を得ていくのです。

損か得かではなく、信用重視が大事だと思います。

息を数える呼吸法で「無心」になる

「考えすぎて」仕方がないとき、禅宗では、「無心」になれという教えがあります。簡単にいうと「考えすぎるな」ということです。

しかし、考えすぎる人に、「考えるな」と言ってもそれこそ禅問答です。

そこで私は息を数える**「数息観」（すそくかん）という呼吸法**をおすすめしています。

たとえば吸って吐いて1つ、2つと息を数えるのです。

鼻から吸って鼻で吐いてもいいですし、鼻から吸って口から吐いてもいい。息を吐く場合はゆっくり「ふー」っと吐きます。

1つ、2つから10まで、もしくは100まで数える。

呼吸を数えることで、**「怒り」や「悲しみ」**、**「イライラ」など敏感な気持ち**は次第に収まっていきます。

老荘思想の荘子は次のような言葉を残しています。

「真人の息は踵《かかと》を以てし、衆人の息は喉を以てす」（『荘子』）

真のできた人間というのは踵で呼吸する――つまり全身で深い呼吸をする。できていない普通の人は喉で浅い呼吸をする、ということです。荘子の時代から呼吸の深さの重要性がいわれていたのです。

呼吸に注目し、呼吸を深くすると緊張を緩めることができ、**神経質になっていた敏感さや繊細さを解き放つ**ことができます。

敏感になると息が浅くなる傾向があります。息が浅くなりすぎ、ときには息が止まっていることもあります。

呼吸を数えるこの「数息観」は、精神を統一し、安定と集中力を高める禅の修養法で、呼吸そのものを見つめるものです。

自分が動揺していたり、少し敏感になりすぎているとき、この呼吸法を実践すると、鈍感になり、「無心」の境地に少し近づくことができます。

―第8章―

鈍感になる練習⑥

完璧・理想を捨てて、自分にがっかりしない

「自分はこうあるべき」という理想に固執しない

思い込みは心を不安定にすることがあります。

「こうであるべき」というのは思い込みの一つです。

「これこれこうである」という現実がある。「べき」が強くなるとだんだん自分が縛られて、つらくなっていきます。


「本来の自分はこうあるべきなんだ」


というのは、一見悪くない考えのように思えます。しかし、「本来の」とか「本当の自分」というのは現実には達成していないわけです。

そこでは、今の自分から目標に向かって何をすべきか、具体的なステップを考えることが重要です。

ただし、**「こんなはずはない」**と強く思いすぎてしまうと、距離が離れすぎて、考え方が否定的、ネガティブになってしまいます。

黒澤明監督のこだわりと思い込み

理想主義者がいたとして、その人が**理想でないものに対して即座に否定する**のは敏感すぎるかもしれません。

完璧主義者といえば、あの映画の巨匠・黒澤明監督には、なかなか映画を撮らせてもらえなかった時期があったそうです。

『七人の侍』までは映画産業全盛でいいテンポで撮れていましたが、『影武者』や『乱』のころになると、10年ぐらい待つような事態になります。

いくら黒澤明といっても10年の歳月はもったいなかった。あまりにも完璧に物事を進めたせいで、撮影日数や経費などのお金がかかり、興行収支を考えるとリスクが大きいとみなされたようです。

完璧な作品を作るのは、こだわりがあっていいのですが、そもそも映画が撮れないのでは、時間だけがたってしまうことになります。

理想主義が足を引っ張ることも

黒沢監督の『赤ひげ』という作品では、映らない薬棚の引き出しの中に薬が収められていたという話があります。

「開けない引き出し」の見えないところまで凝る。

「それはそんなに褒められたことかな」と思ってしまいます。

これは、もう趣味の世界です。実際に映画には映らないわけですから、そういう考え方にはいずれ限界が来ます。

なぜそんなことを言うのかというと、もっと映画を撮ってほしかったからです。あんなに才能のある監督が10年近く待たされるなんて。

新作を構想した絵コンテもいっぱい描かれていて、撮りたい作品がたくさんあったようですから。

けれども撮らせてもらえない。映画産業が変わっていく中で、その**「思い込み」ともいえる理想主義を、もう少し緩めてもよかった**のではないでしょうか。

最初から完璧を求めず、60点主義から始める

『ゲーテとの対話』という本があります。

ゲーテを信奉する若き作家、J・P・エッカーマンが、ゲーテの晩年に交わした対話を記録した大作ですが、そこにヒントが書かれていました。

一番よいのは、対象を十か十二くらいの小さな個々の詩にわけて描くことだろうね。（中略）こんな風にこまぎれにわけていけば、仕事は楽になるし、対象のさまざまな面の特徴をずっとよく表現できるね。その逆に、大きな全体をまるごと包括的につかもうとすると、必ず厄介なことになって、完ぺきなものなんて、まず出来っこないさ。

『ゲーテとの対話』（岩波文庫）

いきなり大作を書こうとするのではなく、小さいものを書いてそれを積み上げるということです。

理想が大きすぎると一歩も前に進めなくなるので、60点ぐらいの出来の小さなものを作ることから始める。それを積み重ねていくうちに熟練工のように作りやすくなるのです。

たたき台を作って修正していく

学生にも課題や論文などで、いいものを要求すると出しにくいようです。

「60点くらいのものでいいから」

「たたき台でも構わない」

そう言うと、まあまあな課題を出してきます。あとはブラッシュアップ、磨き上げていけばいい。そのほうが書き上げるのも早くなります。

たたき台を作るという感覚が大切です。たたき台をスピーディーに作って、提出して「たたいてください」とお願いする。ダメ元で出すと作業はスムーズに進み、修正に重きが置けるようになります。

時間もあるので、修正点を指示してもらったのちに、じっくりと直すことができます。**結果いいものができる**のです。

中にはとんちん漢なものを作り上げる人もいます。

そんな人でも締め切り当日に渡されるのと、締め切り2週間前に渡されるのでは、修正にかけられる時間が違います。

2週間前なら、不具合について的確に方向性を変えたり、修正の具体的なアドバイスができて間に合うからです。

修正、修正、修正で、適応していくというやり方。

それは時間をかけて1回でいいものを出すという、繊細な方が陥りがちな完璧主義とは異なります。

修正ができるので、**自分が作り上げたものにがっかりしなくてすむ**のです。

限界を決めないで、少しずつ突破していく

自分に期待しすぎて完璧なものを出そうしたのに、「ああ、こんなもんしか出せない自分」にがっかりしてしまうことがあります。

自分と出している提出物は同じではありません。たまたまそういう出来だった、というだけのことです。

修正すればいいという考え方ができないと、**思い込みの強い人ほど、自分自身にがっかりしてしまいがち**です。

理想から逆算して考えると、100点のものが90点、80点とどんどん理想から遠ざかっていく。引き算で考えるとつらくなるからです。

逆にとりあえずのものを作って、修正を加えていく。

つまり**足し算で考えると、いい方向に向かっていく**のです。

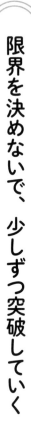

思ったよりもできる、達成感が大切

自分の限界を決めつけると、予めがっかりしたり、絶望してしまうので、むしろ**「思ったよりもできる」という経験を積む**ことが大事です。

ちょっと厳しい課題を与えてくれる先生の授業を受けると、「ちょっときつかったけど、こんなこともできるようになった」という達成感が味わえます。

前にも述べた、日本の歌を自分で英訳して自分で歌うという課題は、ハードルは高いけれど、やってみると案外できるわけです。

そうすると自分が限界だと考えていたことが、「思ったよりもできる」という経験になり、一歩進んだことになります。

今、**自分ができる、自分ができないという境界線が、実は適当なものだった**とわかってくるのです。

そう考えると、気持ちも前向きになっていきます。

限界突破を心の習慣にする

私は小学生に、「どれくらい音読を続けることができるか」という試みをしたことがあります。

いざやってみたら、6時間も音読ができました。『坊っちゃん』を1冊、1日で読破したのです。子どもたちもできるとは思っていなかったでしょう。でも、できたのです。

これが、限界突破です。

子どものころ、何メートル泳げるか試したことはありませんか。100m、150mと限界突破を繰り返すうちに、**限界が限界でなくなっていく。**

この限界突破のような「心の習慣」を持つと、これぐらいならいける、というラクな気持ちが持てるようになります。

たとえば本を書いて出版するときに、2冊、3冊という時点では大変ですが、10冊、20冊と書いていくうちに**「これはいけるのでは」**と思うようになって、100冊、

200冊を超え、500冊もいける。なんなら1000冊、1000冊いけたら2000冊も可能という適当な考えを私は持ったりします。

私自身、**理想は持たないが、限界を設けるのは無意味**だと思っています。

これくらいならいけると考えて、とりあえず目標は1000冊としています。

普通に考えたら1000冊は多い数ですが、それを突破するために必要なのが、まさに**「鈍感力」**です。

敏感な人なら、「この程度で出していいのだろうか」と考えます。90点、100点主義の人なら、そんな数は出せません。

私は**60点主義、60点で合格なので、これでいい。**中には80点のものもあるだろうくらいの感じで出していきます。

どうしてかというと、本を出すことが好きだからです。

1冊の本が1000万部売れるより、1冊1万部で1000冊出したいというタイプの人間です。

だから、完璧でなくてもどんどん出したいと考えているのです。

ここまでだ、とあきらめない

向き不向きを決めつけず、偶然を受け入れる

私は本が売れる、売れないは時の運だと思っています。

また、オファーがあって出版ができるわけですが、極端な話、売れなかったらオファーしたほうが悪いと思う「鈍感力」を持っています。

出版で思うように売れなかったら、責任は感じつつも、一方で**「そのテーマで私にオファーした人が悪いんだ」**くらいの気持ちでバランスを取ります。

私はテーマによってオファーを断るかというと、およそ**オファーは断らない**ようにしています。

役者と同じようなものです。

役を振られて「できない」とは言わない。

その役がうまくできなかったら、オファーしたプロデューサーか監督のほうが悪い

という考え方なのです。

これは無責任なようですが、**人には向き不向きがある**。

それを見抜くのはプロデュースする側です。役者ではない。

それで失敗するのは致し方ない。こちらはできることをやるしかない。

餅は餅屋です。

小津安二郎に『七人の侍』を撮れと言っても無理。やはり小津監督は『東京物語』のような家族の物語が彼の持ち味なのです。

彼自身、「豆腐屋は豆腐しか作れない」と言っていました。

どこにでもミスキャストはあると思います。

しかしミスキャストから何かが生まれるという**「偶然の産物」**があります。

来た球を打つことで、幅が広がる

私は「来た球を打つ」ということが重要だと思っています。

というのも、「これはないのでは」と思うものが、50万部売れたことがあるのです。

「雑談力」をテーマにした本でした。

「よくこのテーマを頼んできましたね」と、その編集者に言ったものです。

自分自身にもわからないことは、たくさんあります。

自分に限界を設定することに意味はなく、オファーに従うことが大切です。

そもそも私自身、ビジネス本には縁がないと思っていました。専門は教育ですから、ビジネスは専門外。しかし今ではビジネス本の出版数のほうが多くなっています。

何が本業かもわからない時代です。オファーを幅広く受けると、思いのほかハマったということがよくあるのです。

「思いのほか」という偶然

実は人生の魅力の一つはこの「思いのほか」にあります。

残念ながら「思い込み」の激しい人には、この「思いのほか」が起こらない。

ニーチェは、偶然が来るのを妨げてはいけないとも言っています。

「偶然は幼子のように無垢だから」

『ツァラトストラかく語りき』（新潮文庫）

偶然は幼子だから、歩いてきたら拒否してはいけない。

つまり偶然を自分の中に受け入れること。それができるかどうかが、この鈍感力の重要なところです。

鋭い人、繊細で敏感な人は、自分の基準でこれは受け入れる、受け入れないと、厳しい基準を設けます。

しかしどんどん**偶然を引き入れていくと自然に鈍感になっていきます。**

偶然というものを引き入れた時点で、鈍感になったといえるのです。

自分は悪くない、そんな気持ちがあってもいい

時の流れに身を任せ、オファーに身を任せ、もし失敗したらオファーをした人間が悪いんだ、自分は悪くないという強い気持ちを持つことが大切です。

課長職をまっとうできなかったとしても、**「自分に課長をやらせた人間が悪いんだ」**くらいの気持ちです。

無責任と思われるかもしれませんが、役職のミッションというのは、自分から希望するものではなく、指名されるものです。

たとえば、私の大好きなリオネル・メッシは、世界最高のサッカー選手です。

そのメッシにＦＣバルセロナはキャプテンを任せている。しかし**メッシという選手はキャプテンには向いていない。**味方を鼓舞するタイプの選手ではないのです。

チャンピオンズリーグでバイエルン・ミュンヘンに８対２で負けた試合では、前半

に4点取られて、メッシはロッカールームで後半が始まるまでうなだれていました。そんなキャプテンはいないでしょう。

しかしキャプテンというのは、そこで諦めない人間でなければなりません。この場面では**味方を鼓舞し、最後まで食らいついていくのがキャプテン**です。

実はハーフタイムのロッカールームでメッシがうなだれている動画は、世界中にさらされました。それを見たコメント欄に寄せられた言葉が秀逸でした。

「メッシ、だらしない」ではなかったのです。

「メッシにキャプテンをやらせているやつが悪い」というコメントだったのです。

そもそも向いていない、メッシにキャプテンシーはない、人を鼓舞できないし、大きな声を出して仲間を叱咤激励するタイプでもない、ジェラール・ピケにやらせればいいんだとか……。選手のことをよく知ったコメントにあふれていたのです。

役の範囲内で思い切りやる

結論は「メッシにキャプテンをやらせている監督が悪い」ということなのです。

これは**オファーした人間が悪い**ということになります。

長くキャプテンを務めた日本代表の長谷部誠選手のような、キャプテンシーで身体ができているような人間に任せるべきなのです。彼はフランクフルトでもキャプテンとして、ドイツ語で指示していますから。さすが心が整った人です。

責任というのは役職に付いて回るものです。役職に責任があるのであれば、その責任の範囲をはっきりさせるといいのです。気がラクになります。**自分はその範囲内で思い切りやればいい**のです。

野球の試合でバントをする役回りになったら、監督の指示通り、「バントをすればいいんでしょ！」と思い切る。

もし失敗しても「自分にバントを指示した監督のせいだ」くらいの気持ちでやればいいのです。

それくらい気楽にやる。そうでないと、**失敗を引きずることになる**からです。

臍下丹田《せいかたんでん》や自律訓練でリラックス

「気にしすぎ」「考えすぎ」てしまうと心や神経が病んできます。そこで必要なのは、**張りつめた気持ちを緩める**こと。身体感覚に注目した訓練を行うと、私たちの身体と心・思考はつながっているのがわかります。

たとえば「臍下丹田」という言葉があります。

お臍《へそ》の下に手を当て、そこに気持ちを集中させてゆっくり息をすると、不思議と落ち着いてきます。

かつて日本人は身体の中で「腰」と「肚《はら》」に重きを置いていました。

「腰を据える」「肚を決める」という言葉があるように、「腰と肚」は重要な意味合いを持っていたのです。

現代人はつい、頭で考えすぎる傾向があります。そこで腰や腹に気持ちを集中さ

どんかんコラム 6

せます。武道や茶道、華道などの芸道にも通じる、「臍下丹田、腹に落としていく」という身体感覚を身につけていくのです。

禅宗でも同じような考え方があって、江戸時代、臨済宗の中興の祖といわれた白隠禅師も、臍下丹田に気を集めることが重要だと言っています。

同じような訓練法に自律訓練法があります。ドイツの神経科医・シュルツ博士が考案したもので、私は今から40年ほど前から取り組んでいました。

自律訓練法では、科学的に催眠状態に誘導された人の腕や足が温かくなることから、自己暗示によって催眠状態をつくり出し、リラックスした心身を自力でつくり出していきます。

たとえば**「右足が温かくなる」「右足が重くなる」**という暗示に加え、**「額だけは涼しくなる」**という暗示をかけるのです。身体は温かくなり、重くなりますが、頭はすっきりした「頭寒足熱」となって、不安や緊張状態から解放され、リラックスが保てる状態になるのです。

齋藤　孝

（さいとう　たかし）

1960年静岡県生まれ。明治大学文学部教授。東京大学法学部卒。同大学院教育学研究科博士課程を経て現職。専門は教育学、身体論、コミュニケーション論。『身体感覚を取り戻す』（NHK出版）で新潮学芸賞受賞。『声に出して読みたい日本語』（草思社）で毎日出版文化賞特別賞を受賞、シリーズ260万部のベストセラーになり日本語ブームをつくった。『大人の語彙力ノート』（SBクリエイティブ）、『雑談力が上がる話し方』（ダイヤモンド社）などベストセラー多数。著書発行部数は1000万部を超える。NHK Eテレ「にほんごであそぼ」総合指導。コメンテーターとしてもテレビ出演多数。

鈍感になる練習

発行日　　2021年3月15日　第1刷発行

著　者　　齋藤　孝
発行者　　清田名人
発行所　　株式会社内外出版社
　　　　　〒110-8578 東京都台東区東上野2-1-11
　　　　　電話 03-5830-0368（企画販売局）
　　　　　電話 03-5830-0237（編集部）
　　　　　https://www.naigai-p.co.jp/
印刷・製本　中央精版印刷株式会社

ブックデザイン＆DTP　亀井英子
編集協力　荒田雅之
イラスト　上田惣子
　　　　　NASYUKA（カバー）
校　正　加賀谷幸子

ISBN 978-4-86257-540-1　C0095